한비자
인간 경영

Human management of hanbija

한비자

# 인간 경영

홍영의 지음

뜻이있는사람들

# 인간 불신의 철학

사람을 알고 미래를 대비한다

『한비자』 전편을 관철하고 있는 것은 철저한 인간 불신의 철학이라고 말할 수 있다.

인간을 움직이고 있는 동기는 무엇인가. 애정도 아니다, 배려도 아니다, 의리도 인정도 아니다, 단 하나의 이익이다. 인간은 이익에 의해서 움직이는 동물이다라는 것이 '한비자'의 인식이었다.

그는 이렇게 말하고 있다.

"뱀장어는 뱀을 닮았고, 누에는 유충을 닮았다. 누구나 뱀을 보면 펄쩍 뛰며 유충을 보면 소름이 끼친다. 그러나 여성은 누에를 손으로 잡고 어부는 뱀장어를 손에 쥔다.

이익이 있다고 하면 누구나 이 두려움을 잊고 용자로 변신한다."

당연히 인간에게는 각자의 입장이라는 것이 있다. 군주에게는 군주의 입장, 신하에게는 신하의 입장이 있다. 남편에게는 남편의 입장, 아내에게는 아내의 입장이 있다. 각각 입장에 따라서 스스로 추구하는 이익도 달라지게 된다고 한비자는 생각했다.

그는 이런 예를 들고 있다.

위나라의 한 부부가 신에게 기원을 했다.

아내가 말하기를

"신이시여, 부디 제게 백 다발의 천을 내려주십시오."

남편은 이상하게 생각하여 아내에게 물었다.

"되게 적군. 왜 백 다발만 청하는 것이요?"

아내는 이렇게 대답했다.

"이것보다 많으면 당신이 첩을 두게 되니까요."

같은 집에 사는 부부도 이렇게 추구하는 이익이 다른 것이다. 하물며 군주와 신하 사이에서는 더구나 그렇지 않겠는가를 한비자는 말하고 싶었던 것 같다.

각자 입장이 다르고 각자 추구하는 이익이 다른 이상 처음부터 상대를 신뢰하여 달라붙는 것은 돌이킬 수 없는 실패를 초래할 우려가 있다. 필경 타인은 신뢰할 수 없다. 믿을 수 있는 것은 자신밖에 없는 것이다.

한비자는 이렇게 말한다.

"상대가 내 뜻에 거스르지 않는 것을 기대하는 것이 아니라 거스르려고 해도 거스를 수 없는 태세를 만든다. 상대가 사기 치지 않는 것을 기대하는 것이 아니라 사기 치려고 해도 사기 칠 수 없는 태세를 만든다."

그는 결코 인간에게 절망하고 있는 것은 아니다. 일체의 고정관념이나 희망적 관측을 버리고 인간의 현실을 있는 그대로 보는 눈을 무섭게 뜨고 있는 것이다.

1% 리더들의 교과서!
인간을 아는 자가 세상을 지배한다.

## Human management of hanbija

자신의 운명을 개척하라. 생각하는 바대로 이루어진다.
꿈과 목표를 종이 위에 적고 그에 따른 행동을 취함으로써
되고자 하는 이상형에 가까이 다가갈 수 있다.
미래를 자신의 것으로 만들어라. 바로 당신의 것으로.

차 례

Human management of hanbija

**'한비자'가 말한 설득의 비법**

1. 상대의 마음을 간파할 것.
2. 상대의 신뢰를 쟁취할 것.
3. 상대의 기분에 거스르지 말 것.
4. 자신의 처지나 정황을 생각할 것.
5. 상대의 급소를 건드리지 말 것.

# 강자의
# 조직 관리

'한비자'는 냉정한 인간관 위에 서서 독특한 통치이론을 전개하여 리더 본연의 자세를 추구한다.

그의 통치이론의 중핵이 되는 것은 '법法', '술術', '세勢'의 세 가지 요건이다.

한비보다 선배인 '법가法家'의 사상가, 정치가로 진나라 상앙商鞅, 한나라의 신불해, 제나라의 신도愼到 등이 있었는데 한비는 상앙이 역설한 '법', 신불해가 역설한 '술', 신도가 역설한 '세'를 종합하여 독자적인 통치이론을 완성했고 이것을 조직 통치의 근본원칙이라고 주장했다.

제1의 '법'이란 법률을 말한다. 이것은 백성이 따라야 할 유일하고 절대적인 기준이며 분명하게 문명화하여 백성에게 제시해 두어야 한다. 리더는 이 법을 철저히 주지시켜서 조직을 장악하고 자신은 그 위에 서서 잠자코 권위로서 누르고 있으면 된다고 한다.

제2의 '술'이란 '법'을 운용하여 부하를 컨트롤하기 위한 노하우와 같은 것이다. '한비자'는 이렇게 말한다.

"술수는 사람에게 보이는 것이 아니다. 군주가 가슴속에 담아두고 이것저것 비교하여 비밀리에 부하를 조종하는 것이다."

그리고 그는

"술책을 써서 다스리면 묘당에 앉은 처녀처럼 얌전히 있어도 잘 다스릴 수 있다. 이와는 반대로 술책을 쓰지 않고 다스리려고 하면 여위어 말라붙을 정도로 억척같이 해도 상대적으로 효과가 크지 않다."

라고도 말하고 있다.

제3의 '세'란 권세 또는 권한이라는 의미다. 이런 이야기가 있다.

옛날 위魏나라 소왕昭王은 자신이 직접 재판에 손을 대고 싶어졌다. 그래서 재상인 맹상군孟嘗君을 불러서 말했다.

"짐이 직접 재판을 해보고 싶다."

"그러신다면 우선 법률을 공부하여 주십시오."

왕은 부랴부랴 공부를 시작하였으나 얼마 읽지 않고 잠들어 버렸다. 그리고 이렇게 말했다고 한다.

"법률 공부 따윈 내게는 무리다."

'한비자'는 이 일화를 들며 다음과 같은 말을 덧붙이고 있다.

"리더는 권력의 중요함을 파악하고 있으면 그것으로 충분하다. 부하가 해야 할 일까지 손을 대고 있다면 잠이 오는 것도 당연하지 않은가."

여기서 말하는 권력의 중요함을 장악하고 있는 상태가 바로 '세' 인 것이다. 이는 바꿔 말해서 부하에 대한 생사 여탈권을 쥐고 있다는 뜻이다. 따라서 이것만 내놓지 않으면 뜻대로 부하를 컨트롤할 수 있다는 것이다.

이상과 같이 '법' 을 관철하고 '술' 을 구사하여 '세' 를 쥐고 부하를 컨트롤하는 것이 조직 통치의 긴요한 점이라고 '한비자' 는 주장했다.

말할 것도 없이 여기에 예상되고 있는 리더의 상은 현저하게 고독하다. 그러나 그런 고독을 견딜 수 있는 강한 개성의 소유주가 아니면 리더로서의 실격이라고 '한비자' 는 말한 것 같다.

－홍영의

# 한비자의
생애

『한비자』의 저자 한비가 활약한 것은 지금으로부터 2200여 년 전, 전국시대도 말기에 가까운 무렵이다.

전국시대는 '칠웅七雄'이라고 하는 전국칠웅*의 대립 항쟁의 시대였다. 그러나 피투성이의 전쟁이 행해지는 한편, 유가儒家, 묵가墨家, 도가道家, 법가法家 등 '제자백가'라 불리는 갖가지 사상 유파가 나타나 각각 '치국평천하'의 이상을 내걸고 활발한 논전을 전개한 시대이기도 하다. 개중에서도 한비는 '법가'의 가르침을 이어받아 그 이론을 집대성하여 '제자백가'의 최후를 장식하는 존재가 되었다.

*전국칠웅(戰國七雄): 동방의 제(齊), 남방의 초(楚), 서방의 진(秦), 북방의 연(燕), 그리고 중앙의 위(魏)·한(韓)·조(趙) 나라를 가리키는 말.

한비는 기원전 3세기 초, 한韓나라에서 태어났다. '칠웅'의 항쟁도 겨우 대단원에 가까워져 진秦의 우위가 결정적이 되었을 무렵이었다.

한비는 한의 '서공자庶公子'*로 태어났다. 적출이 아니기 때문에 왕족으로 대우를 받을 상황은 아니었으나 별로 유복하지 못한 입장은 아니었던 것 같다.

*서공자: 모계의 신분이 낮은 출신

그는 젊었을 때 순자荀子의 문하생으로 공부했다고 한다. 순자는 유가의 학문을 익히면서 '성악설'을 주창하여 이채를 드러내고 있었다. 한비가 후에 인간 불신의 철학을 내세우기에 이르게 된 것은 이 순자의 영향이 컸다고 사료된다. 이와 관련하여 이때의 동문에, 훗날 시황제의 재상이 되는 이사李斯가 있었다. 이사는 한비의 재능을 크게 사고 있었다고 한다.

학문을 이루어 귀국한 한비는 오로지 저작 활동에 열중했다. 선천적으로 심한 말더듬이로, 말주변이 없었던 그는 자신 있는 저작 활동을 통해 자신의 이론을 세상에 물으려고 한 것이다.

그러나 자국에서는 전혀 인정받지 못한다. 원래 약소국이었던 한은 획기적인 한비의 이론에 눈을 돌릴 여유가 없었을지 모른다.

그런데 실의에 빠진 한비를 높이 사는 뜻밖의 인물이 나타난다. 적국이라고도 할 수 있는 진의 왕정王政, 훗날의 시황제다. 한비의 책을 읽고 그 강렬한 주장에 감동한 그는 한 계책을 생각해 내서 한비를 진으로 불러들인다.

이때 한비를 쫓아버리려고 계략을 꾸민 사람이 동학의 이사다. 그 무렵 이사는 진 왕정에게 인정받아 그의 심복으로서 활약하고 있었다. 한비가 등용되면 자신의 지위가 위협을 받게 되지 않을까 생각한 그는 진 왕정에게 진언했다.

"그자는 한의 공자이므로 처음부터 진에게 전력을 다할 마음 따윈 없습니다. 그렇다고 해서 이대로 돌려보낸다면 이쪽의 내정을 가르쳐 주는 것과 같은 것이니 늦기 전에 처단하는 것이 좋다고 생각합니다."

진 왕정은 이 진언에 마음이 동요되어 한비를 옥에 가두었다. 그 틈을 노려 이사는 옥중에 독약을 보내 자살하게 했다. 절망한 한비는 독을 마시고 스스로 목숨을 끊었다고 한다. 때는 기원전 233년이었다고 하니 진 왕정이 전국을 통일하기 12년 전의 일이다.

그러나 진 왕정이 전국을 통일했을 때 천하통치의 이론적 지주가 된 것은 이 불운한 사상가의 설이었다. 뿐만 아니다. 훗날 권력의 확립을 지향한 위정자들이 은밀히 의거한 것도 한비의 유저라 할 수 있는 『한비자』였다.

한비도 이로써 편히 눈을 감을지도 모른다.

# 현실을 사는 인간학

# 인간학의
# 낌새

## 중요한 것은 자신의 마음

제齊나라 중신 경봉이 고향에서 반란을 일으켜 월越나라로 도망치려고 했다.

그것을 본 친척 한 사람이 물었다.

"진晉 쪽이 가까운데 왜 진으로 도망치지 않는가?"

"월 쪽이 더 머니까 몸을 숨기기에 편리해서……."

친척은 이렇게 말했다.

"마음만 바꿔 먹으면 진에 있어도 두려워할 필요는 없다. 긴요한 마음이 그대로 있다면 월까지 도망쳐 갔다 한들 안심은 할 수 없다."

## 모르는 것은 배워라

제나라 재상 관중管仲과 대부 습붕隰朋이 환공(桓公: 재위 BC 685~643)을 따라 고죽국『孤竹國(하북성)』을 토벌했을 때의 일이다. 봄에 출발하여 겨울이 되고서야 귀국 길에 올랐는데 공교롭게 길을 잃고 말았다.

그러자 관중이 말했다.

"노마의 지혜가 도움이 될 겁니다."

말을 풀어서 그 뒤를 따라 갔더니 마침내 길을 찾을 수 있었다.

또 산중을 행군 중에 물이 없어지자 습붕이 말했다.

"개미는 겨울에는 산 남쪽에 살고 여름에는 산 북쪽에 산다고 합니다. 키가 한 치의 개미 집만 있으면 그 밑으로 여덟 자쯤 되는 곳에 물이 있을 겁니다."

파보니 과연 물이 솟아오르고 있었다.

관중이나 습붕과 같이 훌륭한 지혜를 타고난 인물이라도 모르는 것과 부딪치면 노마나 개미에서도 가르침을 받는 것이다. 그런데 어리석은 현대인은 성인으로부터도 배우려고 하지 않는다. 대단한 마음가짐의 차이가 아닌가.

## 장단점의 묘미

노魯나라의 맹손孟孫이라는 중신이 사냥에서 새끼 사슴을 잡아, 진서파秦西巴에게 명하여 가지고 돌아가게 하였다. 그러자 어미 사슴이 뒤에서 쫓아와서 구슬피 울었다. 진서파는 애처로워서 새끼 사슴을 놓아주었다.

그런데 집으로 돌아온 맹손이 그 새끼 사슴을 가져오라고 한다. 진서파가 당황하면서

"울면서 따라오는 어미 사슴이 너무 불쌍해 차마 볼 수 없어서 새끼를 돌려주었습니다."

라고 대답하였더니 맹손은 화가 머리끝까지 나서 진서파를 추방

시켰다.

그런데 3개월 후, 맹손은 다시 진서파를 불러들여서 아들을 보살
피게 했다.

측근자가 이상히 여겨 물었다.

"먼저 처벌한 사람을 다시 불러들여서 아드님을 보살피게 한다는
것은 무슨 까닭입니까?"

이에 맹손은 말했다.

"사슴 새끼도 차마 어쩌지 못하는 놈이니 내 아들에게야 오죽 잘
하겠나."

## 사소한 조짐의 중요성

은殷나라 주왕紂王이 상아 젓가락을 만들었을 때 중신 기자箕子는
은근히 무서웠다. 그는 이렇게 생각한 것이다.

'상아 젓가락을 사용하게 되면 국을 담는 그릇도 허술한 그릇을
버리고 코뿔소 뿔이나 옥으로 만들게 된다. 그런 훌륭한 그릇을 사
용하게 되면 먹는 요리도 콩이나 콩잎 같은 허술한 것은 먹지 않고
모상(旄象: 코끼리의 일종)이나 표태(豹胎: 표범의 태아)와 같은 천하 진미
를 요구하게 된다. 그런 진미를 입에 대기 시작하면 허술한 작업복
을 입고 초가집에는 살지 못하게 되며 반짝반짝 빛나는 비단옷을 입
고 훌륭한 어전에 살고 싶어질 것임에 틀림없다. 이렇게 잇따라 상
아 젓가락과 균형이 맞는 것을 구해 나간다면 천하의 부를 전부 모

아도 부족하게 되겠지.'

뛰어난 인물이라는 것은 아주 사소한 조짐을 보기만 해도 모든 것의 움직임을 헤아리고 조그만 단서를 얻기만 해도 모든 전말을 예견하는 자이다. 기자가 상아 젓가락을 보고 두려워한 것도 마찬가지로 이윽고 천하의 부를 모아도 부족하게 될 것을 예견하였기 때문이다.

## 추녀의 처세

양자楊子라는 학자가 동쪽을 여행하고 있을 때 송나라의 한 여인숙에 행장을 풀었다. 거기에 손님 시중도 들고 매춘도 하는 여자 두 사람이 있었는데, 요금을 물으니 못생긴 쪽이 비싸고 아름다운 쪽이 싸다.

양자가 이유를 물어보았더니 여인숙 주인의 대답이 이러했다.

"아름다운 여자는 아름다움을 믿고 손님 접대를 소홀히 하게 됩니다. 때문에 손님에게 미움을 삽니다. 이래서는 모처럼의 아름다움을 장사에 살릴 수 없습니다. 한편 못생긴 여자는 그것을 갚아주려고 손님 접대가 정중해집니다. 때문에 오히려 손님들이 좋아합니다. 못생겼다고 하지만 그것은 장사에는 전혀 관계없습니다."

양자는 이 말을 듣고 제자들에게 말했다고 한다.

"뛰어난 재능을 타고났어도 그것을 내세우지 않으면 어디에 가도 뒤에서 손가락질 당하는 일은 없다."

## 의심의 본성

양주楊朱의 동생 양포楊布가 흰옷을 입고 외출했더니 공교롭게 비가 내리기 시작했다. 흰옷은 더러워질 우려가 있기에 부득이 검은 옷으로 갈아입고 귀가했다. 기르고 있는 개는 그런 줄도 모르고 짖어댔다. 화가 난 양포는 개를 때리려고 했다. 그 행동을 보고 양주가 동생에게 한마디 했다.

"그만둬! 너도 마찬가지일 터인데. 이 개가 조금 전에 외출했을 때는 색이 흰색이었는데 돌아왔을 때는 검어져 있다면 틀림없이 수상히 여기지 않았겠느냐."

## 확실한 전망의 중요성

혜자惠子라는 인물은 이런 말을 했다.

"궁술의 명인인 예羿가 궁술 옷차림으로 딱 버티고 화살을 시위에 메기면 낯선 타국의 사람이라도 안심하고 과녁을 들 것이다. 반대로 경험도 없는 아이가 활을 잡게 되면 아무리 자상한 어머니라도 두려워 방으로 도망 들어가서 문을 닫아버릴 것이다. 요컨대 예의 솜씨처럼 확실하다는 것을 알고 있으면 낯선 타인이라도 의심하지 않지만 아이의 솜씨처럼 불확실하다는 것을 알고 있으면 어머니라도 도망친다는 것이다."

> TIP • • •
>
> 확실한 것은 안심할 수 있다. 그러나 확실한지 아닌지 정확히 분별하는 눈을 가져야 한다. 확실하지 않은 것을 확실하다고 믿는 것은 몸을 망치는 원인이다.

## 부의 한계

제나라의 환공이 재상 관중에게 물었다.

"부에는 한계가 있는가?"

"물의 한계는 물이 없어지는 곳, 부의 한계는 그것에 만족하는 곳에 있습니다. 그러나 인간은 만족할 줄 모르고 결국 몸을 망치고 맙니다. 혹은 이것이 한계일지도 모릅니다."

## 인간의 마음을 움직이는 것

송나라에서는 태후가 정치를 다스리고 실권을 재상에게 위임하고 있었다.

그 재상을 향해 백규라는 남자가 이렇게 말했다.

"주군이 성장하시면 스스로 나라를 다스리게 됩니다. 그렇게 되면 당신은 권세의 자리에서 내려와야 합니다. 다행히 주군은 아직 젊고 빈번히 평판에 신경을 쓰고 계십니다. 그래서 이웃 초나라에게 부탁하여 주군의 효성을 칭찬 받도록 하면 좋을 겁니다. 그러면 주군으로서도 태후로부터 함부로 실권을 빼앗을 수 없습니다. 따라서 당신은 언제까지나 존중받으며 지금의 지위를 유지할 수 있습니다."

TIP • • •

인간은 이미지에 사로잡힌다. 한 번 이미지가 형성되면 용이하게 그로부터 빠져 나올 수 없다. 때문에 이미지 조작에 의해서 반대로 인간을 움직이게 할 수 있다.

# 믿음의 근거

정나라에 차치리且置履라는 남자가 있었다.

그는 신발을 사러 가려고 발의 치수를 재 두었는데 집에서 가지고 나오는 것을 잊어버렸다. 신발가게에 들어가 막상 사려고 했을 때

'치수를 잊어버렸다.'

하고 다시 가지러 갔다. 두 번째 왔을 때 가게는 이미 문을 닫아 신발을 살 수 없었다.

"그 자리에서 발에 맞추어 보면 좋았을 텐데."

누군가가 그렇게 말하자 남자는 대답했다.

"내 발보다 치수를 잰 것을 신용할 수 있소."

TIP ● ● ●

현실의 변화에 대응할 수 없는 경직한 사고를 비웃은 이야기다.

모든 것을 순조롭게 이룩하려면
하늘의 시(時), 땅의 이(利), 사람의 화(和) 이 조건을 갖추어야 한다.

# 인간관계의
# 현실

## 거짓말도 하나의 방편

오자서伍子胥가 오나라로 탈출했을 때 국경의 구경꾼들에게 잡히고 말았다. 그러자 오자서는 말했다.

"내가 쫓기고 있는 것은 아름다운 구슬을 가지고 있기 때문이다. 그러나 지금은 없애버려서 가지고 있지 않다. 어떤가, 너희들이 빼앗아 삼켜버렸다고 말해 줄까."

구경꾼은 겁을 먹고 오자서를 석방했다.

순간적인 기지다. 오자서를 잡으면 구경꾼의 배도 난도질당할 것
이 확실하다. 오자서는 구경꾼의 아픈 곳을 찔러 위기에서 벗어
난 것이다. 거짓은 거짓이라도 이런 거짓말을 비난할 사람은 없
을 것이다.

## 믿을 것은 자신뿐

제나라가 송나라를 공격해 왔을 때 일이다. 송나라는 장손자臧孫子
를 사자로 초나라에 구원을 요청한다. 초왕은 기꺼이 환영하여 쾌히
응낙했다.

장손자는 성공적으로 임무를 마치고 귀도에 올랐는데 내내 우울
한 얼굴을 하고 있었다. 의아하게 생각한 마부가 물었다.

"훌륭하게 임무를 마치고 귀국하시는데 그렇게 침울하게 계시니,
무슨 일이 있습니까?"

장손자는 이렇게 대답했다.

"송나라는 소국, 제나라는 대국이다. 소국의 송을 돕고 대국인 제
나라에게 미움을 사는 것은 누구나 좋아하지 않을 거다. 그런데 초
왕은 쾌히 응낙해 주었다. 이것은 틀림없이 우리나라를 어디까지나
싸우게 하려는 속셈임에 틀림없다. 우리나라가 계속해서 싸우면 그
만큼 제나라도 피로해지고 초나라가 어부지리를 차지하게 되니까

말이야."

장손자는 귀국했다. 송나라는 성이 5개나 함락되었지만 그래도 초나라의 원군은 모습을 보이지 않았다.

## 모든 일은 생각하기 나름

초왕에게 불사의 약을 헌상하려는 자가 있었다. 손님을 맞아 전달하는 사람이 안으로 들어가려고 하자 그것을 본 비서관이 가로막으며 물었다.

"먹을 수 있는가?"

"먹을 수 있습니다."

그러자 비서관은 이를 빼앗아 먹어버렸다. 초왕은 그 말을 듣고 분노했다. 비서관은 사람을 넣어 다음과 같이 변명했다.

"손님 맞아 전달하는 자가 먹을 수 있다고 말하였기 때문에 먹은 것뿐입니다. 때문에 그는 죄가 없습니다. 잘못은 손님 맞아 전달하는 자에게 있습니다. 게다가 헌상된 것은 불사의 약, 이것을 먹었다고 해서 그를 죽이면 죽음의 약이 되지 않겠습니까? 그러면 왕이 사기꾼에게 걸린 셈이 됩니다. 죄 없는 사람을 죽이고 사기꾼에게 걸린 것이 세상에 공공연하게 알려져 버립니다. 그것보다는 그를 용서하는 쪽이 좋을 겁니다."

초왕은 죽일 것을 단념했다.

## 보답

한나라 재상이었던 장견張譴이 병으로 쓰러져 죽게 되었다. 이 소식을 들은 공승무정公乘無正은 30냥을 가지고 문병하러 달려갔다.

그 후, 한나라 군주가 직접 장견을 문병했다.

"만일 그대에게 무슨 일이 생기면 누구를 후임으로 삼으면 좋겠는가?"

"공승무정은 법을 존중하고 윗사람을 두려워하는 사람입니다. 그렇지만 공자식아公子食我 쪽이 인품이 넓고 인망을 얻고 있습니다."

장견이 죽자 한나라 군주는 공승무정을 후임으로 발탁했다.

병 문안을 받았으면 보답을 해야 한다. 이것은 기본적인 인생 예의 범절의 하나다. 그런데 이 일화의 재미는 보답할 때의 교묘한 겉치레 말에 있다. 군주로서 믿을 수 있고 안심할 수 있는 보좌역이란 어떤 사람인가. 분명히 법을 존중하고 윗사람을 두려워하는 사람이며 인망 있는 부하가 아니다. 장견은 그런 군주의 약점을 찔러서 간접적으로 공승무정을 추천한 것이다.

# 강한 자에게 복종하는 심리

증종자曾從子는 검을 감정하는 명인이다.

당시, 위나라의 군주는 오왕에게 원한을 품고 있었다. 그것을 알아챈 증종자는 위나라 군주를 만나서 이렇게 말했다.

"오왕은 검 애호가이고 나는 그 감정인입니다. 그래서 검을 감정해 준다는 말을 퍼뜨려 오왕을 만나면 검을 빼자마자 그 자리에서 오왕을 찔러 죽이겠습니다."

이에 위나라 군주는

"과연. 하지만 그렇게 하는 것은 의를 위해서가 아니라 다른 이익을 위해서일 텐데. 오나라는 풍족하고 나라도 강한 데 비해 우리 위나라는 가난하고 나라도 약하다. 그대가 오왕을 만나는 순간 태도를 바꿔서 그 수를 내게 쓰는 것은 아닌가?"

그렇게 말하고 증종자를 쫓아버렸다.

TIP･･･

인간이 이익에 의해 움직이는 동물이라 한다면 당연히 손인지 득인지의 판단이 행동의 기준이 되지 않을 수 없다. 따라서 약한 자보다 강한 자에게 복종하는 것은 피하기 어렵다. 나중에 배신당했다고 울부짖기보다 처음부터 경계하는 것이 안전한 것이다.

## 잘못된 예상

요堯나라는 현자 허유許由에게 천하를 양보하려고 했다. 그런데 허유는 이것이 싫어서 도망쳤다. 그리고 한 마을에 칩거하고자 방 한 칸을 빌렸다. 그러자 마을 사람은 가죽 관을 도둑맞지는 않을까 하고 깊숙이 감추려고 했다.

천하를 양보한다고 했는데도 거절한 인물을 의심해 관을 감추다니. 이런 예상이 어긋난 행동을 한 것도 허유라는 인물을 몰랐기 때문이다.

## 적끼리 단결하는 경우

돼지에게 붙어 있는 이 세 마리가 뭔가 다투고 있다. 거기에 지나가던 이 한 마리가 말했다.

"너희들 무엇 때문에 다투고 있는 거야?"

"살찐 자리 쟁탈전이야."

하고 세 마리의 이가 대답했다.

"쓸데없는 싸움은 그만둬. 제사 때가 되면 이 돼지는 새 불에 통구이가 될 텐데 그것을 막는 것이 선결 문제가 아닐까."

거기서 네 마리는 힘을 합해서 돼지의 피를 빨았다. 그 때문에 돼지는 비리비리 말라서 통구이 신세를 면했다.

## 마음을 허락할 수 없는 남자

진晉나라의 중행문자中行文子가 다른 나라로 망명하는 도중에 한 마을에 접어들었다. 종자가 말했다.

"이곳 읍장은 안면이 있을 겁니다. 잠시 쉬면서 뒤에 오는 마차를 기다립시다."

문자는 고개를 가로저으면서

"내가 전에 음악에 몰두하고 있을 무렵 그 남자는 칠현금을 보내왔지. 또 옥으로 장식한 혁대 디자인에 공들이고 있을 때도 원형 옥을 보내왔다. 내 실수를 틈타서 환심을 사려고 한 놈이다. 이번에는 나를 빌미로 다른 사람의 환심을 사려고 할지도 모른다."

라고 말하여 그대로 지나쳤다. 과연 남자는 문자를 뒤따라오는 마차 두 대를 압수하여 진나라 군주에게 헌상하였다.

## 중개하는 방법

한韓나라와 조趙나라의 관계가 험악해졌다.

그래서 한나라는 위魏나라에 사자를 보내서

"조나라를 치고 싶은데 군대를 빌릴 수 없겠습니까?"

하고 요청했다. 위나라 문후文侯가 대답하기를

"우리나라와 조나라는 형제 관계라 승복해 드리기 곤란합니다."

라고 거절했다.

조나라의 요청에도 마찬가지였다.

거절당한 양국의 사자는 모두 화를 내고 귀국했다.

그런데 양국이 모두 자신들을 화해시키기 위해 그렇게 했다는 것을 알고 문후의 조치에 감사했다.

## 신용이 중요하다

제나라가 노魯나라를 멸했을 때 그 대가로서 노에게 전해져 오는 '비방'이라는 왕실 보물을 요구해 왔다. 노나라는 가짜를 들려 보냈는데 이는 곧장 탄로 났다.

"가짜가 아닌가?"

"아니 진짜입니다."

"그러면 귀국의 악정자춘樂正子春을 데리고 오게. 그자의 말이라면 신용할 수 있다."

노나라 군주는 악정자춘에게 잘 속여 달라고 부탁했다.

"왜 진짜를 들려 보내지 않았습니까?"

악정자춘이 물었다.

"진짜는 아까우니까."

군주의 말에 악정자춘은 이렇게 말했다.

"나도 나의 신용을 잃고 싶지 않습니다."

# 친절하게 대해주는 것이 괴롭다

오기吳起가 위나라 장군으로서 중산을 공격했을 때 부스럼 때문에 고생하는 병사가 있었다. 그러자 오기는 무릎 꿇고 스스로 고름을 빨아내 주었다.

병사의 어머니는 그 말을 듣는 순간 소리 내서 울었다.

"장군님이 직접 친절히 해 주셨는데 무엇 때문에 우는 거요?"

이렇게 묻는 남자에게 어머니는 다음과 같이 말했다.

"실은 저 애 아버지도 오기 님이 고름을 빨아내 주셨는데 그 은혜에 보답하려고 했기 때문에 전사하고 말았습니다. 저 애도 같은 운명을 걸 것임에 틀림없어요. 어미로서 안타까운 마음에 울고 있는 겁니다."

> TIP ● ● ●
>
> 부하의 마음을 이끌어내려면 어떻게 하면 되는가. 오기는 병사의 심리를 읽고 감히 고름을 빨아내 준 것이다. 이는 리더가 갖출 올바른 '술'이다.

# 거짓말을 가르쳐선 안 된다

증자曾子의 아내가 물건을 사러 나가려고 했을 때 아이가 뒤쫓아 와서 함께 가겠다고 울부짖었다. 그녀는 이렇게 아이를 달랬다.

"집으로 돌아가. 돌아가면 돼지 잡아서 맛있는 거 해 줄게."

그런데 물건을 사고 돌아오자 남편 증자가 돼지를 잡아죽이려 하고 있지 않은가. 그녀는 당황해서

"그건 농담으로 한 거예요."

라고 말하며 죽이지 못하게 했다. 증자는

"아이는 농담이라 생각하지 않소. 아이라는 것은 세상에서 일어나는 일 같은 것은 아무것도 모르오. 부모로부터 가르침을 받고 하나하나 기억해 나가는 것인데 지금 당신이 거짓말을 하면 거짓말하는 것을 가르친 셈이 될뿐더러 엄마라는 사람이 거짓말을 하면 아이는 엄마가 하는 말을 믿지 않게 될 것이오. 이래서는 이미 무엇을 가르쳐 주어도 소용없지 않겠소."

그렇게 말하고 돼지를 요리해서 아이에게 먹였다.

## 공과 사의 구분

진晉나라 해호解狐라는 중신이 실력자인 조간자趙簡子에게 자신이 미워하고 있는 남자를 총지배인으로 추천했다. 상대 남자는 틀림없이 자신을 용서해 주었다 생각하고 사례하고 싶어서 나갔다.

그런데 해호는 활을 겨냥하여 안에 들이려 하지 않는다. 그리고 이렇게 말했다.

"너를 추천한 것은 공무상 그렇게 한 것, 그만한 능력이 있다고 예상했기 때문이다. 너를 미워하고 있는 것은 사적인 원한이다. 사적인 원한으로 너의 등용을 방해할 수는 없다."

사적 원한을 조정에 끌어들이지 않겠다고 말한 것이다.

# 현실에
# 대처하는 지혜

## 큰 불행을 막는 지혜

명의 편작扁鵲이 채蔡나라 환공(桓公: 중국 춘추시대의 군주)을 만났다. 잠시 후 편작이 말했다.

"피부 속에 병이 있으십니다."

"아니, 그런 건 없네."

편작이 나가자 환공은 측근자에게 말했다.

"저래서 의사라는 건 곤란하단 말이다. 병도 아닌 자를 고치고 자신의 공으로 할 생각이니 말이야."

그로부터 열흘이 지나서 편작이 다시 찾아왔다.

"병이 피부 속까지 달했군요. 지금 치료하지 않으면 점점 깊이 들어갑니다."

환공은 잠자코 있다가 편작이 나가자 다시 불쾌한 얼굴을 하고 그 말을 무시했다.

그로부터 열흘이 지나서 편작이 찾아왔다.

"병세는 내장에까지 달했습니다. 지금 치료하지 않으면 점점 깊이 들어가고 맙니다."

환공은 역시 입을 다문 채 편작이 돌아가자 다시 불쾌한 얼굴을 했다.

그로부터 다시 열흘이 지났다. 이번에도 편작이 찾아오긴 했으나 환공을 보자마자 잠자코 나갔다. 환공이 사람을 시켜 이유를 묻게 하였더니 편작이 대답했다.

"병이 피부에 머물고 있을 때는 약탕으로도 고칠 수 있습니다. 피부 속에 있는 단계라면 침구로 고칠 수 있습니다. 내장에 있는 단계라면 어떻게든 약주로 고칠 수 있습니다. 그러나 골수에까지 들어가 버리면 이미 인간의 힘으로는 어찌할 도리가 없습니다. 폐하의 병은 이미 골수에까지 들어가 버렸습니다. 그래서 아무 말도 드리지 않았던 겁니다."

닷새 후, 환공은 몸에 진통이 오기 시작했다. 당황해서 편작을 찾게 했지만 이미 진秦나라로 도망친 후였다. 환공은 얼마 안 있어 숨을 거두었다.

이와 같이 명의는 병이 피부에 잠복해 있을 때 발견하여 치료한다. 요컨대 심하지 않은 단계에서 막는 것이다.

　이것은 병뿐만 아니라 모든 것에 적용된다. 때문에 성인은 모든 것을 처리할 때 일찌감치 손을 쓰는 것이다.

## 경마에 이기는 비결

　진晋나라 중신 조양자趙襄子가 왕자기王子期에게 말 다루는 법을 배웠다. 어느 날 갑자기 생각이 나서 왕자기와 경주해 보았으나 세 번 말을 갈아타고 경주해도 세 번 모두 이길 수 없자 양자가

　"중요한 비법을 아직 가르쳐 주지 않은 것 같구나."

　하고 원망하는 말을 했더니 왕자기는 이렇게 대답했다.

"아닙니다. 전부 전수해 드렸습니다. 다만 부리는 법이 잘못되어 있습니다. 원래 말을 다룰 때는 말이 마차에 낮익게 하고 마부의 마음을 말과 일체하는 것이 중요합니다. 이것만 할 수 있으면 빨리 그리고 멀리까지 달릴 수 있습니다. 지금의 대인을 보고 있으면 뒤로 처졌을 때는 따라잡으려 하고 앞서 나갔을 때는 따라잡히지 않으려 하여, 그만큼 마음을 빼앗기고 있습니다. 둘이서 경주하면 앞서 가느냐, 뒤따라가느냐 어느 하나가 될 겁니다. 그런데 앞서 가도 뒤처져 가도 마음은 상대에게 향해 있습니다. 이래서는 말과 일체가 될 수 없습니다. 저를 이길 수 없었던 것은 그 때문입니다."

TIP
왕자기의 말은 다음 두 가지로 정리할 수 있다.
1. 무심의 경지.
2. 집중력.
잡념이 있어서는 이길 수 없다는 것이다.

## 구원의 시기

진晉나라가 형邢을 공격했을 때의 일이다. 제齊나라 환공은 재빨리 지원군을 보내려고 했다.

이때 포숙鮑叔이라는 중신이 진언했다.

"너무 빠릅니다. 지금 진나라 전력을 약하게 하기 위해서는 형이 멸망할 때까지 철저히 공격하게 놔두는 겁니다. 진나라 전력이 약해지면 그만큼 우리나라의 비중이 높아지지 않겠습니까? 게다가 위기에 처해 있는 자를 지원해 주기보다 멸망한 자를 구원해 주는 것이 훨씬 은혜를 입히는 것이 됩니다. 이 점은 너무 서두르면 안 됩니다. 진나라 전력을 약하게 하면 그만큼 우리나라에 유리하고 게다가 형나라가 멸망하는 것을 기다려서 부흥시켜 주면 한층 더 남의 평판이 좋아질 것입니다."

환공은 잠시 구원을 보류하기로 했다.

> **TIP ····**
>
> 모든 것을 처리할 때는 항상 효율을 염두에 두고 '적은 힘으로 큰 성과를 거둔다'는 것을 생각해야 한다. 상대의 힘을 약하게 한 데다 은혜를 입힐 수 있다면 바로 일거양득이다.

## 보물을 가지고도 썩히는 일

노魯나라의 한 부부의 이야기다. 남편은 직물로 된 신발을 만드는 장인이고 아내는 비단 세공에 두 사람 모두 뛰어난 기술을 가지고 있었다. 이 부부가 좀더 나은 생활을 하고 싶어서 월越나라로 이사 하기로 했다. 그것을 보고 한 남자가 충고했다.

"자네들 월나라로 가면 틀림없이 가난해질 것이네."

"왜 그렇습니까?"

"신발은 발에 신는 것이 아닌가. 그러나 월나라 사람은 모두 맨발로 걷고 있네. 또 비단은 머리에 쓰는 것이네. 그런데 월나라 사람은 모두 고슴도치 같은 머리를 하고 아무것도 쓰지 않지. 모처럼 훌륭한 기술을 가지고 있으면서도 그것을 활용할 수 없는 나라에 가려고 하는 이유를 모르겠네. 이래서는 가난한 생활을 하고 싶지 않다고 생각하고 있어도 가난해질 수밖에 없네."

TIP · · ·

모든 것을 순조롭게 이룩하려면 다음 세 가지 조건을 갖추어야 한다.
1. 하늘의 시(時).
2. 땅의 이(利).
3. 사람의 화(和).
여기서 말하고 싶은 것은 땅의 이다.

## 중요한 것이 무엇인가를 알아야 한다

위衛나라의 한 남자가 딸을 시집 보낼 때 이렇게 가르쳐 주었다.

"될 수 있는 한 비상금을 챙기는 게 좋다. 시집갔다 쫓겨나는 것은 흔히 있는 일. 백년해로 하는 것은 드문 일이니까."

딸은 부지런히 비상금을 챙겼다. 그 때문에 시어머니가 극성스러운 며느리라 생각하고 쫓겨나고 말았다.

그런데 친정으로 돌아왔을 때 그녀가 가지고 온 소지품은 시집 갈 때의 2배로 늘어나 있었다. 아버지는 딸에게 잘못된 것을 가르쳤다고 후회하기는커녕 잘했다 하고 자신의 선견지명을 자랑했다.

지금의 공무원이 하고 있는 것은 모두 이 남자와 같은 것이다.

TIP····

이 며느리의 비극은 며느리의 본분을 잊어버린 점에 있다. 하찮은 부분만 생각하고 본분을 게을리 했다면 분발하면 분발할수록 이상한 사태가 된다. 그렇게 되지 않기 위해서는 항상 목표를 재확인할 필요가 있다.

## 어느 쪽에 이익이 있는가

백락伯樂이라는 사람은 좋은 말, 나쁜 말을 감정하는 명인이었는데 마음에 들지 않는 제자에게는 명마의 감정법을 가르치고 마음에 드는 제자에게는 별 볼일 없는 말의 감정법을 가르쳤다. 그 이유는?

명마는 좀처럼 없기 때문에 이익이 희박하나 이에 비해 별 볼일 없는 말은 매일매일 매매되므로 이익이 점점 올라가기 때문이다.

이것이야말로 주서周書에서 말하는 '속설일수록 도움이 된다'는 것이다.

## 수정할 수 없는 부분

환혁桓赫이라는 인물은 이렇게 말하고 있다.

"조작을 할 때 코는 될 수 있는 한 크게, 눈은 될 수 있는 한 작게 하고 시작하는 것이 좋다. 왜냐하면 큰 코는 작게 할 수 있지만 작은 코는 크게 할 수 없고 작은 눈은 크게 할 수 있지만 큰 눈은 작게 할 수 없기 때문이다."

이것은 조작뿐만 아니라 무슨 일에도 통용된다. 수정할 수 없는 부분을 정성스럽게 행하면 좀처럼 실패는 하지 않는 법이다.

## 작은 것을 내놓고 큰 것을 얻는 지혜

송宋나라에 감지자監止子라는 부자 상인이 있었다. 그런 그가 다른 상인과 경쟁으로 시가 백 냥이 나가는, 파낸 채 가공하지 않은 옥을 입찰했을 때의 일이다.

그는 일부러 가공하지 않은 옥을 바닥에 떨어뜨려 흠을 내서 백 냥의 변상금을 지불하고 인수하였다. 그리고 그 흠을 깨끗이 연마하여 팔아서 천 냥이나 되는 거금을 손에 넣은 것이다.

세상에는 뭔가 하다가 실패를 해도 아무것도 하지 않는 것보다는 나은 경우가 있다. 감지자가 한 행동은 필경 그에 해당되는 일이다.

## 양다리 걸치기

한韓나라의 리왕釐王이 옹립되었을 때의 일이다. 아직 정식 결정에는 이르지 않던 그때 때마침 그 동생이 주周나라에 의탁하고 있었다. 주나라에서는 이 동생을 왕위로 올리고 싶었는데 섣불리 움직여서 한나라에 거부당하면 면목이 없을 게 빤했다.

이때 기모회綦母恢라는 모신(계략이 출중한 신하)이 주나라 군주에게 진언했다.

"동생에게 마차 백 대를 붙여서 보냅시다. 다행히 잘되어 옹립되면 경비를 위해 달려 보냈다고 하면 될 것이고 옹립을 거부하면 적을 호송하여 왔다고 말하면 될 것입니다."

# 어중간한 것은 안 된다

오왕 합려闔廬가 초楚나라의 도성 영郢을 향해 진격했을 때 세 번 싸워서 세 번 승리를 거두었다. 만족한 합려는 참모 오자서伍子胥에게 말했다.

"이쯤에서 철수하는 것이 좋지 않을까."

오자서는 이러한 답을 내놓았다.

"사람을 물에 빠져 죽게 하는 경우 물 한 모금 먹게 하고 그만두면 목적을 이룰 수 없습니다. 틈을 주지 않고 물을 먹임으로써 효과가 있습니다. 여기는 지금의 기세를 타고 상대를 몰아 버리는 것이 상책입니다."

## 실력의 방점

묵자墨子가 나무로 솔개를 만들었다. 3년 걸려서 완성했는데 하루 날고는 부서지고 말았다.

"나무로 만든 솔개를 날게 하다니 선생님의 솜씨는 대단합니다."

제자가 감탄하자 묵자는 이렇게 대답했다.

"아니구나, 마차의 쐐기를 만드는 사람에게는 못 당한다. 불과 한 척의 재목으로 하루의 노력과 시간도 들이지 않고 만들어서, 그러면서도 30석이나 되는 무거운 것을 끌어서 멀리까지 운반하는 힘이 있는 것이 바로 쐐기니까. 이렇게 만든 쐐기는 몇 년이나 간다. 내가 만든 솔개는 3년이나 걸려서 하루를 날았을 뿐 망가지고 말았다."

혜자惠子가 그 말을 듣고 말했다.

"묵자라는 사람은 대단한 기술자다. 하늘을 나는 솔개를 만든 사람보다 마차의 쐐기를 만드는 사람의 솜씨가 더 뛰어나다는 것을 알고 있기 때문이다."

## 그리기 쉬운 것

제나라 왕의 식객 중 그림쟁이가 있었다. 어느 날 제왕이 그 남자에게 물었다.

"그림을 그리는 데 무엇이 제일 어렵다고 생각하는가?"

"개나 말입니다."

"그러면 제일 쉬운 것은?"

"요괴입니다. 개나 말은 누구나 알고 있습니다. 매일 현물을 보고 있으니까 오히려 그리기 어렵습니다. 한편 요괴는 형태도 정해져 있지 않고 실물을 본 사람도 없습니다. 아무렇게나 그려도 되니까 오히려 쉽습니다."

## 왜곡과 해석

초나라의 도성 영郢에 살고 있던 남자가 연燕나라의 재상 앞으로 편지를 썼다. 밤이었기 때문에 밝기가 어두웠다. 그래서 촛대 담당에게

"등불을 들거라."

하고 명했다. 그러다가 실수로 '등불을 들거라' 라는 말을 편지에 쓰고 말았다.

그런데 편지를 받아든 연나라 재상은 이를 보고 이렇게 말했다.

"불빛을 올리라는 것은 밝음을 존중하라는 것이다. 요컨대 현명한 사람을 등용하라는 것이군."

재빨리 왕에게 상소했다. 왕도 감탄하고 현자를 등용하였기 때문에 나라는 잘 다스리게 되었다.

그러나 그것은 편지가 말하려고 했던 것은 아니다. 지금의 학자들은 이와 같이 뜻을 왜곡하는 예가 많다.

# 어떤 사람을 인재로 키울 것인가

양호陽虎는 제나라에서 도망 나와서 진晋나라로 가서 조간자라는 중신에게 몸을 의탁했다.

간자가 양호에게 물었다.

"소문에 의하면 그대는 인재를 키우는 것이 뛰어나다던데."

"아니, 당치도 않습니다. 노나라에 있을 때 세 인재를 양성해서 세 사람 모두 재상의 지위에 올랐지만 내가 죄를 짓고 쫓기는 몸이 되는 순간 이 자들은 모두 나를 뒤쫓는 측으로 돌아섰습니다. 또 제나라에 있을 때도 세 인재를 추천하여 한 사람은 왕의 측근, 한 사람은 현의 장관, 또 다른 한 사람은 감찰관이 되었습니다. 그런데 내가 죄를 짓자마자 측근인 자는 나를 피해 만나려고도 하지 않고, 현의 장관은 나를 체포하려고 하였고, 감찰관이라는 사람은 국경까지 뒤쫓아와서야 겨우 포기하고 돌아가는 꼴이었습니다. 나는 인재를 양성하는 것이 아주 서툰 모양입니다."

조간자는 고개를 숙여 웃으면서 이렇게 말했다.

"귤이나 유자를 키워서 먹으면 맛있고 향도 아주 좋다네. 탱자나 장미를 키우면 가시가 사람을 찌르는 법이지. 군자는 키우는 상대를 잘 골라야 하는 거야."

# 리더학의 핵심

# 부하를
# 잘 다루는 요령

## 상벌의 권한

우수한 군주는 두 개의 손잡이를 잡고만 있어도 부하를 잘 다룬다. 두 개의 손잡이란 형과 덕이다. 그러면 형이나 덕이란 무엇인가. 형이란 벌을 주는 것, 덕이란 상을 주는 것이다.

부하라는 것은 벌을 두려워하고 상을 기뻐하는 것이 보통이다. 때문에 군주가 벌과 상의 두 가지 권한을 쥐고 있으면 벌벌 떨게 하거나 회유하여 마음 내키는 대로 조종할 수 있다.

엉큼한 부하는 그 점을 노린다. 마음에 들지 않는 상대는 군주를 대신하여 자신이 벌하고 마음에 드는 상대에게는 역시 군주를 대신하여 자신이 상을 준다.

만약 군주가 상벌의 권한을 자신이 행사하지 않고 부하에게 맡겨 버린다면 어떻게 될까. 나라 전체의 백성이 그 부하를 두려워해 군주를 경시하고 끝내는 부하에게 복종하여 군주는 가망 없다고 단념할 것이다. 상벌의 권한을 손에서 놓으면 이런 결과가 될 수밖에 없는 것이다.

호랑이가 개에게 이기는 것은 발톱이나 날카로운 이를 가지고 있기 때문이다. 그 발톱이나 날카로운 이를 호랑이에게서 빼앗아 개에게 주면 어떻게 될까. 반대로 호랑이가 개에게 지고 만다.

군주는 형과 덕, 두 가지를 가지고 부하를 통제한다. 그 형과 덕을 부하에게 넘겨주면 어떻게 될까. 반대로 군주가 부하에게 통제 받게 된다.

제나라의 전상田常이라는 중신은 군주 간공簡公을 교묘하게 설복하여 자신의 마음에 드는 부하에게만 작위를 주고 백성들에게 양곡을 빌려 줄 때도 큰 되에 담아 주었다. 간공은 자신이 상을 주는 권한을 신하에게 넘겨주고 신하인 전상이 대신하여 그것을 행사한 것이다. 그 결과 결국 간공은 전상에 의해 시해되었다.

송나라의 자한子罕이라는 중신이 왕에게 청원했다.

"상을 주는 것은 모두가 기뻐하는 것, 이것은 직접 하십시오. 형벌은 모두에게 원한을 사게 되는 것, 이것은 내게 맡겨 주십시오."

이렇게 하여 송나라 왕은 벌을 가하는 권한을 자한에게 넘겨주고 신하인 자한이 대신하여 그것을 행사했다. 그 결과 송나라 왕은 군주의 자리에서 쫓겨나고 말았다.

전상이 사용한 것은 상과 벌 중, 상의 권한뿐이다. 그런데도 간공은 시해되고 말았다. 또 자한이 사용한 것은 벌의 권한뿐이지만 그래도 송나라 왕은 추방 당해버렸다.

지금의 신하는 상과 벌의 권한을 두 가지 모두 행사하고 있다. 그렇게 하고 보면 군주의 자리가 위험하다는 것은 간공이나 송나라 왕에 비할 바가 아니다.

시해 당하거나 실권을 잃어버리거나 한 군주는 상벌의 권한 두 가지를 모두 부하에게 빼앗기고 있었다. 선례를 보건데 이런 상태에서 신세를 망치지 않은 군주는 옛날부터 한 사람도 없었다.

TIP ...

여기서 말하는 군주라는 것은 물론 널리 리더라 이해해도 좋다. 리더가 리더로서의 지위를 유지하는 열쇠는 온정도 아니고 배려도 아닌 상벌의 권한을 넘겨주지 않는 것이라고 한다. 『한비자』는 외형의 허식을 없애고 거침없이 본질로 다가가려고 하는데 여기에도 권력의 본질을 응시하는 눈이 있다. 옛날부터 리더론은 대부분 논객에 의해 여러 가지 각도에서 거론했지만 이것만큼 명쾌한 논리는 달리 그 예가 없다. '전상에 단지 덕을 넘겨주기만 하고 제나라 간공은 시해되었고, 자한에게 단지 형을 넘겨준 것만으로 송나라 왕은 위협을 받았다. 이런 점에서 생각해 볼 때 지금 세상의 부하가 형, 덕 양쪽을 넘겨받아 행사할 때 세상의 리더에게 덮치는 위험은 제나라 간공, 송나라 왕보다 확실히 크다. 반대로 말하면 위협받고, 시해되고, 왕의 총명함을 막는 경우 즉, 제나라 간공, 송나라 왕보다 심한 경우 군주는 형, 덕 양쪽을 상실하고 신하에게 그 권한을 행사하게 하는 이유가 있으므로 몸이 위험에 드러나고, 혹은 나라가 멸망하는 사태가 되지 않았던 예는 존재하지 않는다.' 라고 단언했다. 오히려 속이 시원한 느낌마저 든다. 이런 명해(간결하고 요령 있는 해석)는 거침없이 본질에 다가가는 데서 생기게 되는 것이다.

# 보고와 실적의 일치

부하의 악행을 방지하려면 군주는 부하에 대해서 '형'과 '명(보고)' 즉 보고와 실적의 일치를 구해야 한다.

우선 부하가 "이만한 일을 합니다" 하고 보고한다. 거기서 군주는 그 보고에 의거해 일을 주고 그 일에 어울리는 실적을 요구한다. 실적이 일에 어울리고 그것이 보고와 일치하면 상을 준다. 반대로 실적이 일에 어울리지 않고 보고와 일치하지 않으면 벌을 가한다.

"이것만은 하겠습니다" 하고 보고하면서 그만한 실적을 올리지 않은 자는 벌한다. 실적이 적기 때문이 아니다. 보고와 일치하지 않기 때문에 벌하는 것이다.

"이것밖에 할 수 없습니다" 하고 보고하고 그 이상의 실적을 올린자도 벌한다. 물론 실적이 크다는 것을 기뻐하지 않는 것은 아니다. 그러나 그것보다 보고와 실적이 일치하지 않는 데 대한 잘못이 훨씬 크기 때문이다.

옛날, 한나라 소후昭侯가 술에 취해 선잠을 잔 적이 있다. 관모 담당 관리가 그것을 보고 감기라도 들면 안 되겠다 하고 옷을 걸쳐 주었다. 잠에서 깬 소후는 기쁘게 생각하고 측근들에게 물었다.

"누가 옷을 걸쳐 주었는가?"

"관모 담당자입니다."

그 말을 듣고 소후는 의복 담당과 관모 담당 두 사람 모두 벌했다. 의복 담당을 벌한 것은 자신의 직무를 태만했기 때문이다. 관모 담당을 벌한 것은 자신의 직책 외의 것까지 손을 댔기 때문이다. 감기 들어도 좋다는 것은 아니다. 월권행위가 감기보다 손실이 크다고 생각한 것이다.

우수한 군주는 부하가 월권행위까지 하면서 실적을 올리는 것을 용서치 않는다. 또 보고와 실적이 일치하지 않는 것도 허용치 않는다. 월권행위에는 사죄死罪, 보고와 실적의 불일치에는 그에 맞는 벌로써 다스린 것이다.

부하에게 직책을 지키게 하고 보고한 대로의 실적을 요구하고 있으면 작당하여 서로 비호할 수 없게 될 것이다.

TIP • • •

여기서 기술하고 있는 엄격한 근무 평정은 '형명참동(刑名參同)'이라 불리고 있다. 앞의 절에서 '한비자'는 상벌의 권한을 넘겨주지 말라고 역설했다 상벌의 권한을 장악하라는 것은 말할 것도 없이 그 이면에 신상필벌의 방침이 예정되어 있다.

그러나 '한비자'가 생각하는 신상필벌은 단순한 신상필벌이 아니라 '형명참동'이다. '형'이란 이룩한 실적, '명'이란 본인의 보고 '참동'이란 양자를 대조하여 평가한다는 의미다. 보고와 실적이 일치하지 않는 자는 처벌한다. 이것은 처벌받아도 어쩔 수 없다. 그러나 실적이 보고를 상회한 자도 처벌 대상이 된다고 한다. 여기에 '형명참동' 방식의 엄격함이 있다. 해제에서도 언급한 바와 같이 『한비자』의 근저에 있는 것은 인간 불신의 철학이다. 군신관계, 요컨대 군주와 부하의 관계라 해도 적대관계로서 파악한다. 군주에게 부하라는 것은 한순간도 방심할 수 없는 존재이며 무슨 짓을 할지 모르는 무리다. 보통 방법으로는 그런 무리를 부릴 수 없다. 그래서 생각해 낸 것이 이 '형명참동' 방식이었다.

## 군주는 마음속을 보이지 말라

인재를 등용할 때 군주가 고민하는 것은 다음 두 가지 문제다.

유능한 인물을 등용하면 그 능력을 발휘하여 군주의 자리를 위협할지도 모른다. 그렇다고 어중이떠중이 가리지 않고 등용하면 일이 진척되지 않는다.

유능한 인재의 등용에 의욕을 보이면 부하는 모두 실력 이상으로 과시하여 군주의 기호에 영합하려고 한다. 이래서는 부하의 실력을 파악할 수 없다. 부하의 능력을 파악하지 못하면 정말로 유능한건지 어떤지 구별할 수 없는 것이다.

옛날 월왕 구천勾踐은 용감한 자를 좋아했다. 그러자 전국에 경솔하게 목숨을 내던지는 자가 끊이지 않았다. 초나라 영왕靈王이 나긋나긋한 미인의 허리를 좋아했는데 전국에 살 빼고 싶은 일념으로 굶어죽는 여자가 속출했다. 제나라 환공은 여색을 좋아하고 질투심이 많았다. 그러자 수조豎刁라는 남자는 스스로 거세하여 후궁의 관리직이 되었다. 또 환공은 진미를 좋아했는데 그것을 본 요리사 역아易牙는 자신의 장남을 찜 구이로 하여 헌상했다. 연왕 자쾌子噲는 현자라는 말을 들으면 매우 좋아했다. 그것을 안 중신 자지子之는 가령 나라를 양위한다고 해도 받지 않겠다고 하는 등 현자인 척 자쾌를 속여서 막상 양위하자 순간 받아들여서 나라를 빼앗고 말았다.

군주가 무엇을 싫어하고 있는지 분명히 하면 부하는 모두 미움 살 만한 것을 숨겨버린다. 또 군주가 무엇을 좋아하고 있는지 분명히 하면 부하는 모두 그 취향에 맞추어 능력이 있는 것처럼 겉을 꾸민다. 요컨대 군주가 좋아하고 싫어하는 감정을 겉으로 나타내면 부하는 그 허점을 이용하여 받아들이기 위한 실마리를 얻는다.

이미 기술한 바와 같이 자지는 자쾌가 현자를 좋아하는 허점을 이용하여 군주의 자리를 빼앗았다. 수조와 역아는 환공의 호색과 진미를 좋아하는 허점을 이용하여 그 실권을 빼앗았다. 그 결과 자쾌는 반란 속에서 살해되고 환공이 죽은 후 사체에 구더기가 끼어서 방에서 넘쳐 나올 것처럼 되었는데도 그의 장례를 치러 주지 않았다.

왜 이렇게 비참해졌는가.

군주가 부하에게 마음속을 들여다보게 했기 때문이다. 부하는 바드시 군주를 사랑하고 있는 것은 아니다. 자신의 이익을 위해 섬기고 있는 것이다. 만약 군주가 자신의 마음속을 감추지 않고 조금이라도 그것을 보이면 부하는 이를 기화로 군주의 지위를 위협한다. 이래서는 제2, 제3의 자지나 전상이 쉬이 나타나게 될 것이다.

이런 말이 있다.

"군주가 좋아하고 싫어하는 것을 보이지 않으면 부하는 그 선천적인 성격을 드러낸다. 부하가 선천적인 성격을 드러내면 군주는 눈속임 당하는 일이 없다."

> **TIP**
>
> 아래에서 위의 사람을 보면 잘 보인다. 그러나 위에서 아래 사람은 잘 보이지 않는다. 잘 보이지 않는 것을 보이지 않는 그대로 둔다면 마음먹은 대로 부릴 수 없다. 부하의 실태를 정확히 장악해 두면 이것 역시 군주의 지위를 평안하고 무사하게 하는 열쇠다. 그렇게 하기 위해서는 어떻게 할 것인가. 군주로서 절대로 좋아하고 싫어하는 것의 감정을 보이지 말라고 『한비자』는 말한다. 중국의 사서에 '희로를 표정으로 나타내지 않는다'라는 말이 자주 나온다. 희로애락의 감정을 표정이나 태도로 드러내지 않고 항상 유유한 자세를 취하고 있다는 의미인데 이것은 리더의 본연의 자세에 대한 칭찬하는 말이다. 『한비자』가 여기서 말하고 있는 것도 결과로서는 이에 가깝다.

# 군주가
# 마음 써야 할 것

## 술(術)을 사용하면 잘 다스려진다

　공자의 제자 복자천宓子賤이 노나라 단부單父라는 마을 읍장을 맡고 있던 때의 일이다. 선배인 유약有若이 자천을 보고
　"자네 상당히 여위지 않았나."
　하고 말을 걸었더니 자천은 이렇게 답했다.
　"노왕은 내가 어리석다는 것도 모르고 단부의 읍장으로 임명해 주었는데 관아의 업무가 바빠서 이것저것 마음 쓰이는 것들만 있으니 이렇게 여위고 말았습니다."
　이에 유약은 이렇게 말했다.

"옛날 순(瞬: 중국의 고대 전설상의 성왕)은 오현금을 타면서 '남풍'의 노래를 흥얼거리면서 정치를 했는데 그래도 천하는 잘 다스렸다고 한다. 그와는 반대로 자네는 이렇게 조그만 마을을 다스리기 위해 늘 걱정하고 있군. 도대체 천하를 다스리라고 한다면 어떻게 할 작정인가."

앞서 말한 것처럼 '술'을 사용하여 다스리면 묘당에 앉은 처녀처럼 얌전하게 있어도 잘 다스릴 수 있다. 이것과는 반대로 '술'을 사용하지 않고 다스리려고 하면 여월 정도로 억척같이 일하는데 비해 효과가 오르지 않는다.

TIP ● ● ● ●

부하에 대해서 좋아하고 싫어하는 감정을 보이지 않는, 즉 '희로를 표정에 나타내지 않는 것'이 리더에게 요망되는 조건인데 멍하니 요령 부득이한 표정 이면에는 당연히 건전한 술책이 숨겨져 있어야 한다. 내용이 텅 비어 있으면 단순한 목우(나무 인형)가 되어버린다. 리더가 익혀야 할 그와 같은 술책을 『한비자』는 '술'이라 이름한다. 이 '술'도 조직을 관리하고 부하를 부리는 데 있어서 불가결한 것이라고 한다. 또 '술'에 대해서는 다음 장에서 상세히 설명하기로 한다.

# 윗사람이 좋아하는 것을 아랫사람이 배운다

제나라 환공은 보라색 옷을 즐겨 착용했다. 그러자 그것을 흉내 내서 전국의 사람들이 보라색 옷을 입게 되고 그 결과 보라색 천 값이 실크의 5배나 껑충 올랐다.

그렇지만 역시 환공도 걱정되어 재상인 관중을 불러 말했다.

"내가 보라색 옷을 애용하고 있는 탓으로 값이 뛰고 말았네. 그런데도 전국의 사람들이 앞을 다투어 보라색 천을 구하려 하고 있으니 어떻게 된 건가?"

"보라색 옷을 안 입으시면 어떠시겠습니까. 한 번 시험 삼아서 측근들에게 '나는 보라색 냄새가 싫다' 라고 말해 보십시오."

그래서 환공은 보라색 옷을 입고 있는 자가 문안 올리러 올 때마다 이렇게 말했다.

"약간 뒤로 물러서라. 나는 보라색 냄새가 싫어서 말이야."

그러자 그날 중에 조정에서 보라색 옷 모습이 사라지고 이튿날에는 도성에서도 모습이 사라졌다. 그리고 3일 후에는 전국에서 모습이 사라지고 말았다.

『좌전』에 '아랫사람은 윗사람이 하는 것을 배운다'라고 나와 있다. 또 『논어』에도 '君子風小人風'이라고 나와 있다. 윗사람이 훌륭한 덕을 몸에 지니고 있으면 아랫사람은 스스로 그것에 복종한다는 의미. '한비자'의 인식은 이와 같은 덕치주의와는 무관하나 아랫사람은 윗사람이 하는 것을 보고 배운다는 견해에서는 일치하고 있다. 『한비자』에 의하면 군주는 부하에게 맡겨두면 될 만한 일까지 자신이 할 필요는 없다. 솜씨를 보여주지 말고 잠자코 위에 앉아 있으면 그것으로 충분하다. 그러나 항상 부하들의 주목을 받는 입장에 있기 때문에 자신의 언동에는 아무쪼록 주의하라는 것이다. 이 일화는 그 증례로서 인용되어 있다.

## 인의에 지나치게 구애되는 것

송나라 양공襄公이 탁곡 부근에서 초나라 군을 요격했을 때의 이야기다.

송나라 군대는 이미 진형을 갖추고 기다리고 있었는데 반면에 초나라 군대는 아직 강을 건너지 않았다. 이것을 보고 군사령관인 구강購强이 양공에게 달려가서 진언했다.

"상대는 세력이 강하고 아군은 세력이 약합니다. 이 상황은 상대가 도강하기 시작하고 진형이 흐트러졌을 때를 가늠하여 공격하도록 합시다. 그러면 반드시 이길 수 있습니다."

그러나 양공은 받아들이지 않는다.

"나는 이렇게 배웠다. 군자라는 것은 부상을 입은 자는 죽이지 않고 머리가 희끗희끗한 노병은 눈감아 주는 법이다. 또 사람을 위험에 처하게 하거나 궁지에 몰아 넣거나 군세 배치도 하지 않은 적을 기습하는 것은 군자의 도리가 아니라 들었다. 초군이 아직 강을 건너지 않았는데 치는 것은 군자가 할 바 아니다. 아무쪼록 초군이 전부 강을 건너 군세의 배치가 끝나기를 기다렸다가 공격으로 들어가고 싶다."

구강도 뒤로 물러서지 않는다.

"국민이나 부하를 죽게 내버려둘 셈이십니까! 왜 그렇게 군자의 도에 구애되시는 겁니까."

"그만 됐다. 제자리를 지키도록 하라. 그렇지 않으면 군법에 의해 처벌하겠다."

부득이 구강은 담당한 자리로 돌아왔다. 드디어 초군은 강을 건너 포진을 마쳤다. 그때가 되어 양공은 겨우 공격 명령을 내렸다. 결과는 송군의 대패배로 양공 자신도 가랑이에 부상을 입어 3일 후에 사망하였다.

양공은 왜 제 무덤을 팠는가. 너무 고지식하게 인의를 지키려 했기 때문이다.

군주가 솔선하여 사태에 임하지 않으면 부하는 따르지 않는다고 한다. 그것은 즉, 군주 스스로 경작하여 먹거나, 병사와 함께 싸움으로써 국민도 기꺼이 경작하거나 싸우거나 하게 된다는 것이다. 그러나 이래서는 군주의 처지에서 너무나 난처하지 않은가. 그리고 부하

된 자, 너무 안락하게 지내는 것은 아닌가.

이 이야기는 '송양의 인(宋襄의 仁)'으로서 알려져 있다. 말할 것
도 없이 적을 쓸데없이 불쌍히 여겼기 때문에 순식간에 패배를
초래한 리더의 어리석음을 비웃은 말이다. 분명히 리더는 대를
살리기 위해 소를 희생하는 비정한 결단을 내려야 할 때가 있다.
또 조직의 존속을 꾀하기 위해서는 도덕주의의 모양새를 과감히
버려야 하는 경우도 있다. 그런 점에서 송의 양공은 약간 안이했
다는 평을 받아도 어쩔 수 없다. 『한비자』도 물론 그것을 말하고
있지만 이 고사를 인용하고 있는 의도는 또 하나 있다. 양공은 스
스로 싸움의 지휘를 하고 스스로 전진 속으로 들어가서 싸웠다.
『한비자』는 그런 군주의 자세를 부정하고 있는 것이다. 싸움의 지
휘 같은 것은 장군에게 맡겨두면 된다는 것이다. 군주가 직접 부
하가 해야 할 일까지 하고 있다면 몸이 몇 개 있어도 부족하다는
것이다. 현대에도 '바쁘다, 바쁘다' 하고 바쁘다는 것을 과시하면
서 그것이 사회적 지위의 상징 정도로 알고 있는 리더가 적지 않
다. 그렇게 된다면 리더로서는 실격이다.

## 군주에게 두 말은 없다

진晉나라 왕 문공이 원原나라를 공격했을 때의 일이다. 10일 분의
군량을 준비하여 군의 간부들에 대해 작전 기간은 10일이라고 약속

했다. 그런데 원을 포위하고 10일이 지났는데 공략하지 못한다. 문공은 약속대로 철수를 명했다.

마침 그때 성내에 잠입시켰던 정보원이 돌아와서

"상대는 앞으로 3일만 있으면 항복할 겁니다."

라고 보고했다. 이에 참모들은 제각기 진언했다.

"적은 완전히 지쳐 있습니다. 이대로 당분간 포위를 계속 하십시오."

그러나 문공은

"나는 작전 기간은 10일이라고 약속했다. 철수하지 않으면 약속을 깨는 것이다. 원을 손에 넣어도 약속을 깬다면 아무 소용도 없다. 그렇게는 못한다."

그렇게 말하고 예정대로 철수를 명했다.

이 말을 들은 원의 사람들은

"이 정도로 약속을 중시 여기는 사람이라면 안심하고 따를 수 있겠다."

그렇게 말하고 항복할 것을 청원했다.

또 이웃 衛나라 사람들도 역시 항복을 청원했다.

"이 정도로 약속을 중시하는 사람이라면 안심하고 따를 수 있다."

공자는 이 말을 듣고 다음과 같이 기록했다.

"원을 공격하여 위까지 손에 넣은 것은 약속을 깨지 않았기 때문이다."

『예기』에 '윤언여한(綸言如汗)'이라는 말이 있다. '윤언'이란 군주의 발언이라는 의미다. 땀이라는 것은 한 번 자신의 몸에서 나와 버리면 두 번 다시 몸 속으로 되돌아오지 않는다. 그와 마찬가지로 군주의 발언도 한 번 자신의 입에서 나와버리면 이미 정정하거나 취소할 수 없다. 그러므로 군주의 발언은 아무쪼록 신중해야 한다는 것이다. 함부로 실언하거나 종종 내뱉은 말을 취소한다면 군주로서는 실격이다. 왜냐하면 그런 것으로는 부하가 따르지 않게 되기 때문이다. 진의 문공의 이 이야기는 약간 융통성이 없다는 느낌이 들지 않는 것도 아니다. 그러나 군주라는 것은 그렇게 하면서까지 자신의 발언에 책임을 져야 한다고 한비자는 말하고 있는 것이다.

다음 위나라 문공의 이야기도 동공이곡(同工異曲: 겉으로 보기에는 달라도 내용은 같음)이다.

## 약속은 지켜야 한다

위나라 문후文侯가 산지기 관리와 사냥 약속을 했다. 그런데 그 날은 공교롭게 폭풍이 불었다.

측근들이 그만두라고 간했다. 그러나 문후는 듣지 않는다.

"그건 안 된다. 폭풍이 분다고 해서 약속을 깰 수는 없다."

그렇게 말하고 폭풍 속을 몸소 마차를 몰아 산지기에게 가서 중지하자는 취지를 전했다.

# 선한 관리는 덕을 심는다(善吏者樹)

공자가 위衛나라 재상으로 있을 때 일이다. 자고子皐라는 제자가 재판관으로 등용되어 한 병사에게 빈형(다리 자르는 형)을 선고한 적이 있었다. 다리 잘린 그 병사는 그 후 궁전의 문지기가 되었다.

그 후, 위나라 국왕에게 공자를 중상하는 자가 있었다.

"공자가 모반을 꾀하고 있습니다."

왕은 재빨리 공자를 잡으려고 했고 공자는 부득이 도망갔다. 이에 제자들도 모두 도망친다.

자고도 위험을 느끼고 성문으로 탈출하려고 했다. 그러자 다리 잘린 형에 처해진 문지기가 자고를 불러 세워서

"자, 이리로."

하고 지하실로 안내하여 숨겨주는게 아닌가. 그 덕택에 자고는 추궁의 손길에서 피할 수 있었다.

그날 밤 자고는 문지기에게 물었다.

"나는 국법을 어길 수 없어 그대를 다리 자르는 형에 처했다. 지금이야말로 그때의 원한을 갚을 기회가 아닌가. 그런데 왜 살려주었는가. 뭔가 은혜를 입힐 이유라도 있는가."

문지기는 이렇게 대답했다고 한다.

"내가 다리 잘리는 형에 처해진 것은 그만한 죄를 범했기 때문이며 어찌할 도리가 없는 일이었습니다. 그런데 당신은 조사 과정에서 이렇지 않았는가, 저렇지 않았는가 하고 물으며서 어떻게든 죄를 면

해 주려고 열심이었던 표정이 역력했습니다. 그것을 저도 잘 알고 있었습니다. 죄상이 확정되어 판결을 선고하실 때는 역시 괴로워 견딜 수 없다는 마음이 얼굴에 여실히 떠올랐습니다. 그것은 아마도 나를 편애해서가 아니라 선천적인 정 깊은 마음이 그렇게 하게 했을 것입니다. 내가 당신을 덕으로 대하고 있는 것은 그런 이유입니다."

훗날 공자는 이 이야기를 듣고 다음과 같이 말했다.

"훌륭한 관리는 덕의 씨앗을 뿌리고 그렇지 않은 관리는 원한의 씨앗을 뿌린다. 되를 훑는 굴림대가 되를 평평하게 하듯이, 관리는 법을 공평하게 하는 것이다. 나라를 다스리는 자는 공평하게 하는 것을 잊어서는 안 된다."

TIP • • •

군주는 신상필벌로 부하에게 임해야 한다. 그러나 그 방침이 부하에게 받아들여지기 위해서는 편애가 있어서는 안 되고, 상벌의 적용은 어디까지나 공평해야 한다. 이 이야기는 그것을 말하고 있는 것이다. 『삼국지』의 제갈공명은 촉(蜀)나라의 승상으로서 신상필벌의 엄한 자세로서 부하나 국민에게 임했다. 그러면서 '백성에게 원성이 없다'고 하여 부하들에게 두려운 존재이면서도 사랑을 받았다고 한다. 왜냐하면 상벌의 적용이 매우 공평 무사하고 한 점의 사정도 느낄 수 없었기 때문이라고 한다. 엄격한 처분을 받은 자도 자신이 잘못했기 때문이라고 납득할 수 있었던 것이다. 다리를 자르는 형에 처해진 병사가 자고를 덕으로 대한 것도 이와 같은 마음에서였음에 틀림없다.

# 한 사람에게 맡기면 위험하다

제나라 환공이 관중을 국정의 최고 책임자로 임명하려고 중신들을 모아 이렇게 말했다.

"나는 관중에게 국정을 맡기려고 한다. 찬성하는 자는 문 좌측에, 반대하는 자는 우측에 서기 바란다."

그러자 동곽아東郭牙라는 중신이 문의 중간에 섰다.

환공이 물었다.

"찬성하는 자는 왼쪽, 반대하는 자는 오른쪽에 서라고 말했을 텐데 중간에 서는 것은 무슨 까닭인가."

이에 동곽아가 되물었다.

"관중이 천하를 경영할 만한 지모를 갖추고 있다 생각하십니까?"

"그렇게 생각한다."

"그러면 관중이 대사를 맡을 정도의 결단력을 가지고 있다고 생각하십니까?"

"그런데?"

"그러면 말씀 올리겠습니다. 천하를 경영할 정도의 지모와 대사를 맡을 만한 결단력의 소유자인 그에게 주군의 권세를 빌어 이 나라를 다스리게 하면 도대체 어떻게 되겠습니까. 주군 자신의 지위가 위협 받을 수도 있습니다."

"알았다."

환공은 나라의 정치는 관중에게 조정 내의 정무는 습붕隰朋에게 맡겨 두 사람에게 국정을 분담시키기로 했다.

## 부하의 충성을 믿어서는 안 된다

진晉나라 문공이 나라를 도망쳐 망명 하던 때의 일이다. 기정箕鄭이라는 가신이 도시락을 지참하여 따르고 있었는데 길을 잃어버려 일행과 따로따로 떨어지고 말았다. 배가 고파 울고 싶을 정도로 괴로웠으나 그는 밤새도록 참고 도시락에는 손을 대지 않았다.

문공은 이윽고 귀국하여 왕위에 오르고 원原나라를 공략했다. 그때 문공은 이렇게 말하고 기정을 원나라 장관으로 발탁했다.

"배가 고파도 괴로움을 참고 도시락에 손을 대지 않았던 놈이다.

원나라 성을 맡겨도 나를 반역하는 일은 없을 테지."

혼헌渾軒이라는 중신이 이를 듣고 말했다.

"도시락에 손을 대지 않을 정도로 의리 있는 남자이기 때문에 원의 성을 맡겨도 반역하는 일은 없을 것이라 생각하는 것은 '술'이라는 것을 너무 모르는 것입니다."

상대가 반역하지 않을 것을 기대하는 것이 아니라 반역하려고 해도 반역할 수 없는 태세를 만든다. 상대가 속임수를 쓰지 않을 것을 기대하는 것이 아니라 속임수를 쓰려고 해도 쓸 수 없는 태세를 갖추는 것이다. 이것이 명군이라는 것이다.

---

TIP

말하려는 것은 앞의 설화와 아주 같다. 리더는 부하의 충성을 믿어서는 안 된다. 중요한 것은 부하를 마음먹은 대로 조종할 수 있는 '술'을 익히는 것이라고 한다. '상대가 반역하지 않을 것을 기대하는 것이 아니라 반역하려고 해도 반역할 수 없도록 하는 태세를 갖추는 것'이야말로 리더가 유의해야 할 것이며 또 그것이 부하를 부리는 비결이기도 하다.

상대가 배반하지 않을 것을 기대하는 것이 아니라 배반하려고 해도 배반
할 수 없도록 하는 태세를 갖추는 것, 이것이 리더의 덕목.

# 상의할 상대를 엄선하라

노나라 계손季孫이라는 중신은 인재를 좋아했다. 손님을 접견할 때는 조정에 출사할 때와 마찬가지로 의관을 갖추고 위의(예법에 맞는 몸가짐)를 갖추는 것이 보통이었다.

그런데 마침 그때 깜빡하고 그것을 태만히 한 적이 있다. 그러자 손님은 자신을 경시하고 있다 생각하고 그것에 원한을 품고 계손을 살해했다.

『노자』에 "군자는 극단을 피해야 한다"라고 나와 있는 것은 이 계손과 같은 경우를 가리키고 있는 것이다.

훗날 노나라 중신 남궁경자南宮敬子가 이 사건에 대해 제나라 중신 안탁취顔涿聚에게 의견을 구한 적이 있다.

"계손은 공자의 제자들을 초청하여 위의를 갖추고, 아울러 정치를 서로 이야기할 수 있는 고문단을 10여 명 두고 있었습니다. 그런데 살해된 것은 그 이유가 뭐라 생각하십니까?"

이에 안탁취는 이렇게 답했다.

"옛날, 주周나라의 성왕은 기분전환을 할 땐 언제나 익살꾼이나 견식이 없는 사람과 흥겨워했는데 중요한 문제를 결정할 때는 훌륭한 인물과 상의했습니다. 때문에 천하를 잘 다스릴 수 있었던 것입니다. 그런데 계손은 공자의 제자들을 고문단으로서 10여 명이나 두고 있으면서 중요한 문제를 결정할 때는 익살꾼이나 견식이 없는 사람과 상의했습니다. 마무리를 잘하지 못한 것은 이런 이유입니다.

속담에도 '함께 있는 상대는 누구나 좋다. 함께 도모하는 상대가 중요한 것이다' 라고 하지 않습니까."

TIP ● ● ●

이 설화에는 두 가지 교훈이 있다.
1. 공적인 석상에서 위의를 갖추어야 할 때와 사적인 자리에서 편안한 자세를 취할 때는 당연히 태도를 바꾸는 것이 마땅하다. 그것을 하지 않는다면 반드시 언젠가는 파탄을 낳는다.
2. 군주에게는 측근의 존재가 불가결하다. 필요악이라 할 수도 있다. 그러나 놀이 상대와 상담 상대는 엄격히 구분해야 한다.

## 측근의 말에 갈팡질팡하지 말라

위나라 무후 때, 서문표西門豹가 업鄴의 도지사로 발탁되었다. 이 사람은 청렴결백한 인품으로 조금도 사리사욕에 치우치지 않았다. 그러나 문후의 측근들에게 아첨하려고 하지 않았기 때문에 측근들에게는 반대로 눈엣가시가 되어 있었다 .

1년 후, 서문표가 시정 보고를 제출했을 때 성적 부진이라는 이유로 면직 처분을 당하게 된다. 그는 청원했다.

"지금까지 나는 업을 어떻게 다스리면 좋을지 가늠할 수 없었는데 지금에 와서 겨우 그것을 알았습니다. 다시 한 번 업을 맡겨 주십시오. 만약 다시 성적을 올릴 수 없는 경우에는 그때야말로 목을 내놓겠습니다."

문후는 딱하게 생각하여 다시 지사로 복직시켰다.

그런데 서문표가 이번에는 세금을 과중하게 하여 엄하게 걷어들이는 한편 측근들에 대해서는 빠짐없이 비위를 맞추었다. 이렇게 하여 1년 후, 시정 보고하러 돌아왔을 때 문후는 직접 나가 맞아 노고를 위로하였다.

서문표는

"전번에 나는 주군을 위해 업을 다스렸지만 그 결과 면직 처분 받았습니다. 이번에는 주군의 측근을 위해 다스렸더니 칭찬을 들었습니다. 더 이상 지사 자리에 머물 생각은 없습니다."

그렇게 말하고 사표를 제출했다. 당황한 문후는

"잠깐, 나는 지금까지 그대의 뜻을 알지 못했으나 지금 겨우 헤아릴 수 있게 되었네. 화도 나겠지만 아무쪼록 계속 업을 다스려 주었으면 하네."

라고 말하고 사표를 수리하려고 하지 않았다.

> **TIP ···**
>
> 부하가 신뢰할 수 없는 존재라고 한다면 당연히 측근이나 친척도 예외는 아니다. 오히려 측근이나 친척의 경우는 항상 곁에 있어서 영향력이 큰 만큼 한층 더 다루기 곤란하다고도 말할 수 있다. 신중히 대처하지 않으면 위(魏)의 문후와 같은 과오를 범할 수도 있다.

## 실정을 잘 알아야 한다

진晉나라 중신 한선자韓宣子가 말했다.

"사료 값을 충분히 계상하고 있는데 비해 말이 살찌지 않아서 걱정이다."

주시周市라는 자가 그 말을 듣고 이렇게 말했다.

"말 사육 담당자가 예산대로 사료를 먹이고 있으면 살찌지 말라고 해도 살찌는 법. 예산은 풍분히 계상했다 해도 실제로 주는 양이

적으면 살찌라고 해도 무리한 일입니다. 당신이 실정에 소원하고 위에 앉아서 그저 마음 아파하고 있어서는 말은 언제까지나 살찌지 않습니다."

TIP • • •

리더는 잠자코 위엄으로 누르는 본연의 자세가 이상이지만 위엄으로 누르기 위해서는 조직의 실정을 정확히 파악하고 있어야 한다. 그렇게 하는 데 장애가 되는 것은 측근의 존재라고 '한비자'는 말한다. 측근에게 눈속임을 당하면 정확한 정보는 들어오지 않는다. 군주는 부하의 정보를 그대로 받아들이는 것이 아니라 이중, 삼중으로 확인할 필요가 있다는 것이다.

## 밑이 없으면 쓸모 없다

당계堂谿라는 사람이 한나라 소후에게 이렇게 말했다.

"여기 두 개의 잔이 있다고 합시다. 하나는 옥으로 만든 잔이지만 밑이 없습니다. 또 하나는 기와로 만든 잔이지만 밑이 있습니다. 목이 마르면 어떤 잔으로 물을 마실 수 있습니까?"

"물론 기와로 만든 잔을 사용할 것이 뻔하지 않은가."

"아름다운 옥으로 만든 잔을 사용하지 않는 것은 밑이 없기 때문입니까?"

"그렇다."

"주군도 그것과 같습니다. 신하의 말을 다른 사람에게 흘리는 것은 밑 빠진 옥으로 만든 잔과 같은 것입니다."

그로부터 소후는 당계공과 만난 밤은 혼자 자기로 했다. 처첩에게 잠꼬대를 들려주게 될까 우려한 것이다.

TIP ••••

군주의 부주의한 발언은 당장 부하에게 이용당해 그들의 책동을 허용하는 원인이 된다고 한다. 그렇게까지 되지 않아도 조직 내에 바람직하지 못한 파동을 일으킬 가능성은 많이 있다. 입이 가벼운 것은 군주로서 실격이다. 또 부하 입장에서 보면 자신이 말한 것이 바로 다른 부하에게 흘러간다면 멍청하게 진언 따위는 할 수 없다는 마음이 될지도 모른다.

## 맹견이나 쥐를 멋대로 날뛰게 하지 말라

송나라에 술집이 있었다. 저울에 눈속임이 없고 손님 접대도 대단히 친절하고 훌륭했다. 술도 맛있고 간판도 눈에 띄게 서 있었다. 그런데 술은 전혀 팔리지 않고 모두 식초가 되어 버리고 말았다,

가게 주인은 이상하게 여기고 잘 아는 양천楊倩이라는 노인에게 물어보았다. 이에 노인의 말은 의외였다.

"당신 맹견을 키우고 있지 않은가?"

"맹견이 있으면 왜 술이 팔리지 않게 되는 겁니까?"

"손님이 무서워하기 때문이지. 집에 따라서는 아이에게 돈을 주고 항아리를 들려 술을 사러 보내는데 그것을 보고 개가 물려고 한다고 생각해보게. 술이 팔리지 않아 식초가 되어버리는 것은 그 때문이지."

나라에도 이런 맹견이 있다. 유능한 인재가 훌륭한 계획을 가지고 군주에게 보여주고 싶어도 주위 중신들이 맹견이 되어 이를 드러내는 상황이라면 군주의 눈이 가려져 유능한 인재 등용이 저지된다.

그것에 대해서는 이런 이야기가 있다.

제나라 환공이 재상인 관중에게 물었다.

"나라를 다스리는 데 가장 방심할 수 없는 것은 무엇인가?"

관중이 대답하되 이런 말을 했다.

"신을 모신 건물에 깃들어 사는 쥐들입니다. 신을 모신 건물이라는 것은 목재 위에 흙을 칠하여 만들기 때문에 이들에게는 안성맞춤의 둥지가 됩니다. 연기로 몰아내려고 하면 나무가 불타고 물로 몰아내려고 하면 흙이 떨어져 버립니다. 참으로 애먹고 있습니다. 군주의 측근도 이와 마찬가지입니다. 밖에서는 권력을 믿고 국민으로부터 착취하고 안에서는 배를 맞대고 윗사람을 업신여기며, 시치미 떼고 겉을 꾸밉니다. 그들을 처단하지 않으면 정치의 혼란을 초래할 것이며 처단하면 또 처단해서, 이번에는 군주가 알몸이 되고 맙니다. 왜냐하면 그들은 군주의 뱃속에 자리하고 앉아 있기 때문입니다."

신하가 권력을 쥐고 하고 싶은 대로 하며 '나를 따르는 자는 득을 본다, 따르지 않는 놈은 손해 본다' 하고 주장하고 있는 것은 모두 맹견 부류다. 이와 같이 측근이 건물의 쥐가 되고 중신이 맹견이 된다면 리더의 위력과 명령은 행할 수 없다.

## 사람을 믿지 말고 우선 자신을 믿어라

공의휴公儀休는 노나라 재상을 역임한 인물인데 생선을 대단히 좋아했다. 그것을 알고 전국의 사람들이 앞을 다투어 생선을 사서 그

에게 보내왔다. 그러나 공의휴는 받지 않는다. 보다 못한 동생이

"형님은 생선을 좋아하지 않습니까. 왜 거절하는 겁니까?"

라고 물었더니 이렇게 대답했다고 한다.

"아니, 좋아하기 때문에 거절하는 거다. 받으면 인사말 한마디라도 해야 한다. 결국은 상대를 위해 법을 어기게 된다. 그런 짓을 하면 당장 면직이다. 면직되면 아무리 생선을 좋아한다고 해도 아무도 보내는 사람은 없을 거다. 또 내가 사서 먹을 수도 없게 된다. 지금 이렇게 거절하고 있으면 면직되는 일도 없고 언제까지나 내가 좋아하는 생선을 사서 먹을 수 있지 않은가."

이 이야기에서도 알 수 있듯이 타인을 의지하기보다 자신을 의지해야 한다. 타인의 힘을 믿기보다 자신의 힘으로 처리해야 한다.

TIP • • •

군주와 신하는 분명히 입장이 다르다. 군주에게는 군주의 입장이 있고 신하에게는 신하의 입장이 있다. 그리고 각각 입장을 지키는 것이 스스로의 지위를 평안하고 무사하게 하는 길이라고 한다. 공의휴가 생선을 거절한 것도 신하의 입장을 지켜 자신의 지위를 평안하고 무사하게 하기 위해서였다. 군주 역시 자신의 입장을 지켜 스스로의 지위를 평안하고 무사하게 해야 한다.

# 나라를 제어하는 데 필요한 '술(術)'

화재가 발생했다고 하자. 관리에게 양동이를 들게 하여 직접 발화 지점으로 달려가게 해봤자 1인분의 역할밖에 할 수 없다. 만약 채찍을 들려주고 많은 사람을 지휘하여 소화를 하도록 하면 만 명 몫의 역할을 이끌어 낼 수 있을 것이다. 성인이 몸소 빈민과 접촉하지 않고 명군이 몸소 사소한 일을 처리하지 않는 것은 그런 이유에서다.

명마부인 조부造父가 들판에서 풀을 베고 있을 때의 일이다. 한 가족이 마차를 타고 지나갔다. 그런데 무엇에 놀랐는지 말이 멈추어서서 움직이려고 하지 않는다. 마차에 탔던 사람들이 마차에서 내렸다. 아들은 앞에서 끌고 아버지는 뒤에서 밀기 시작했다. 조부에게도 도와달라고 부탁했다.

조부는 일을 멈추고 마차에 올라타더니 그들도 타게 하여 고삐를 확인하고 채찍을 손에 들었다. 그러자 말은 채찍을 사용하기도 전에 발을 맞추어 달리기 시작했다.

만약 조부가 말을 제어하는 술을 터득하고 있지 못했다면 마차 뒤에서 힘껏 미는 것을 거들었겠지만 말을 움직일 수는 없었을 것이다. 힘도 쓰지 않고 마차에 탄 채로 도울 수 있었던 것은 술을 사용하여 말을 제어했기 때문이다.

군주로서 마차에 해당되는 것은 나라, 말에 해당되는 것은 권세다. 술도 지니지 못하고 이것을 제어하려고 하면 아무리 수고해도 혼란을 면할 수 없다. 술을 가지고 제어하면 새삼스럽게 수고하지 않아도 큰 일을 이룩할 수 있을 것이다.

# 부하를 조종하는
# 7가지 마음가짐

## 부하를 조종하는 7가지 마음가짐

1. 부하의 주장을 다방면으로 조사하여 사실을 확인할 것.

2. 법을 어긴 자는 반드시 벌하여 위신을 확립할 것.

3. 공적을 세운 자에게는 확실한 상으로 보상할 것.

4. 부하가 자신의 발언에 책임을 지게 할 것.

5. 일부러 의심스러운 명령을 내리고 뜻밖의 것을 물어볼 것.

6. 알면서도 모른 척 물어보기.

7. 백을 흑이라 말하고, 없는 것을 있는 것처럼.

# 부하의 주장을 다방면으로 조사하여 사실을 확인할 것

부하의 언동에 주의를 기울여도 그것을 조사하여 확인하지 않으면 사실은 파악할 수 없다. 또 한 사람만을 신용하면 리더의 눈은 가려지고 만다.

## 결국은 한 사람의 의견에 불과하다

노나라 군주 애공哀公이 공자에게 물었다.

"일반적으로 '세 사람이 모이면 문수보살의 지혜가 나온다' 라고 한다. 나는 무슨 일이든 모든 사람과 상의하면서 행해 왔다. 그런데 정치의 혼란은 해마다 심해지고 있다. 도대체 그 이유가 뭔가?"

공자는 대답했다.

"명군은 신하에게 의견을 구하는 경우 상대가 말한 내용을 당사자 이외에는 흘리지 않는 법, 때문에 명군 밑에서는 신하들이 안심하고 직언할 수 있는 것입니다. 그런데 지금 이 나라에서는 신하들은 모두 중신 계손과 사전에 은밀히 약속하여 각자의 말이 어긋나지 않게 해 두기 때문에 전국에 통하고 있는 것은 계손 한 사람의 의견입니다. 따라서 전국 백성들에게 의견을 구해 봤자 모두가 한결같이 계손과 같은 말밖에 하지 않습니다. 이래서는 정치가 혼탁해지는 것도 당연합니다."

TIP ••••

노나라 군주 애공의 국정 실권은 계손에게 장악되어 있었다. 국정의 현장으로 들어오는 정보는 모두 계손의 필터에 걸러서 나온 것이다. 이래서는 정보 차단의 상태와 다를 것이 없다. 애공은 부하의 의견을 조사하기 전의 단계에서 이미 군주의 자리를 잃고 있었던 것이다. 일반적으로 말해서 리더는 정보를 수집하는 통로가 많을수록 좋다. 통로 하나밖에 없다는 것은 전혀 없는 것보다 더욱 다루기 곤란할지도 모른다.

# 동격의 사람을 다투게 하는 것만으로는 불충분하다

위衛나라 사군嗣君은 여이如耳라고 하는 신하를 중용하고, 세희世姬라는 시녀를 총애하였다. 그런데 이 두 사람이 총애를 믿고 자기 멋대로 행동하여 자신의 눈이 가려지는 것은 아닐까 하고 우려했다. 그래서 또 한 팀, 박의薄疑라는 신하와 위희魏姬라는 시녀를 총애하여 두 사람을 견제하게 했다. 이렇게 해 두면 눈이 가려지는 일은 없다고 생각한 것이다.

사군은 신하에게 눈이 가려져서는 곤란하다는 것은 알고 있었으나 그것을 방지할 술(방법)은 몰랐던 모양이다. 대체로 눈이 가려지지 않기 위해서는 하위의 자가 상위의 자를 자유로 비판할 수 있는 태세를 만들어 두어야 한다. 그것을 하지 않고 단지 권세가 같은 자끼리 다투게 하는 것만으로는 쓸데없이 눈을 가리는 신하를 늘리는 것이 고작이다. 사군의 눈은 점점 가려져 갔을 것임에 틀림없다.

TIP · · · ·

횡적 관계에서 겨루게만 하는 것이 아니라 종적 관계에서도 겨루게 하라고 한다. 종횡 십자 조직 관리다. 말할 것도 없이 여기서 경계하고 있는 것은 부하를 두둔하는 것이다. 부하에게 공동 전선을 펼치게 하면 군주의 지위는 당장 고립되어 버린다. 그렇게 되지 않기 위해서는 부하에게 한 치의 틈도 보여서는 안 된다.

# 거짓이 진실로 둔갑하는 순간

위나라의 방공龐恭이라는 중신이 태자와 함께 조나라 도성인 감단邯鄲에 인질로 가게 되었다. 출발할 때 그들은 위왕에게 이렇게 말했다.

"누구 하나가 '마을에 호랑이가 나왔다' 하고 말하면 믿으시겠습니까?"

"그걸 믿을 성 싶나."

"혼자가 아니라 두 사람이 말하면 믿으시겠습니까?"

"아니, 믿지 않아."

"그러면 세 사람이 입을 맞추어 같은 말을 하면 어떻겠습니까?"

"음, 그렇게 되면 믿어야겠지."

"마을에 호랑이가 나오지 않는 것은 빤히 아는 사실입니다. 그런데 세 사람이 똑같은 말을 하면 믿는다고 합니다. 제가 가는 감단은 여기서 멀리 떨어진 곳, 그런 곳에 가는 저를 제가 없는 동안 이러쿵저러쿵 비난하는 자는 세 사람이 문제가 아닐 겁니다. 아무쪼록 이것을 잊지 말아 주십시오."

그러나 방공이 감단에서 귀국했을 때 이미 위왕은 알현을 허용하지 않았다.

여기서 '세 사람이 말해서 호랑이를 이룬다'라는 성어가 생겼다. 같은 말을 반복으로 듣고 있으면 어느새 거짓말도 사실처럼 생각 하게 된다는 것이다. 반복의 효과라고도 할 수 있다. 리더가 판단 을 그르치는 이유의 하나도 여기에 있다. 유리한 정보만 듣고 있 으면 어느새 그럴 마음이 되어버린다. 정보라면 많으면 많을수록 좋다는 것은 아니다. 한 가지의 정보만으로는 오히려 결정적으로 판단을 그르칠지도 모른다.

리더의 조직관리는,

신상필벌로 다스려야한다.

# 법을 어긴 자는 반드시
# 벌하여 위신을 확립할 것

애정이 지나치면 법은 성립되지 않는다. 위신이 없으면 아랫사람에게 허점을 이용당한다. 때문에 형벌을 엄격히 하지 않으면 금령이 통용되지 않는다.

## 물은 얕게 보이기 때문에 익사자가 많다

자산子産은 정鄭나라 재상이다. 병으로 쓰러져 죽음이 임박했을 때 후임으로 예정되어 있는 유길遊吉을 불러서 이렇게 말했다.

"내가 죽으면 그대가 이 나라의 장으로서 대응해야 하네. 명심하게. 그때는 반드시 엄격한 태도로 국민에게 임하도록 해야 하네. 불이라는 것은 언뜻 보기에 격렬한 느낌을 주기 때문에 모두 두려워해서 오히려 불에 타 죽는 사람은 적다네. 그런데 물은 보건대 약한 모습을 하고 있기 때문에 모두 다루기 쉽다고 보고 오히려 빠져 죽는 자가 많은 법일세. 그대도 엄한 태도로 임하는 게 좋을 걸세. 설불리 약해져서 익사자가 많이 나오게 해서는 안 되네."

자산이 죽은 후 유길이 뒤를 이었으나 엄격한 자세로 임할 것을 주저했다. 그러자 젊은 무리들이 도당을 작당하여 도둑질하고 소택(늪과 못) 주변에 굳게 버티어 큰 소동으로 발전할 것 같았다. 유길은 군대를 이끌고 토벌하러 달려가서 만 하루 걸려 겨우 진압할 수 있었다. 유길은 절실히 개탄했다고 한다.

"일찍부터 자산 님의 가르침을 실행하였더라면 이런 사태는 맞지 않았을 것을."

TIP · · · ·

중국에서는 옛날부터 조직 관리의 포인트로서 '엄격'과 '관용'의 밸런스를 잡는 것이 필요하다고 말해 왔다. '엄격함'에 치우치면 명령에 따르게 할 수 있어도 마음속으로 존경하고 복종하지 않는다. 한편 '관용함'이 지나치면 조직 안에 '멋대로 행동하는 구조'가 생기게 된다. 양자의 밸런스를 잡는 것이 바람직한 조직 관리의 본연의 모습이라고 한다. 그런 점에서 '한비자'는 어디까지나 '엄격함'을 고집한다. 기본 원칙은 '엄격함'이라는 것이다. 사마광(司馬光)이라는 송대의 재상이 치국의 중요한 것으로서 다음 세 가지를 들고 있다.

> 1. 사람을 관으로 한다.
> 2. 상을 신으로 한다.
> 3. 벌을 필로 한다.
> '사람을 관으로 한다'라는 것은 적재적소에 인재를 등용하는 것
> 인데 다음 두 가지 '신상필벌' 이야말로 '한비자'가 말하는 바로
> '엄격함'이다.

## 법에서 빠져나갈 길을 만들지 말라

형남荊南 지방의 여수麗水라는 강에서 금이 채취되었다. 그 금을
몰래 채취하는 자가 많았다. 금을 채취하는 것은 법으로 엄하게 금
하고 있으며 잡히면 시장에서 책형을 당하게 된다. 많은 사람이 책
형을 받아 그 사체가 강의 흐름을 막을 정도였는데 그래도 몰래 채
취하는 자가 끊이지 않았다.

시장에서 책형에 처해질 정도로 무거운 형벌은 없지만 그런데도
금을 훔치는 자가 끊이지 않는다는 것은 만에 하나 잡히지 않는 경
우도 있기 때문이다.

지금 가령

"네게 천하를 주겠다. 그 대신 너의 목숨을 내놓아라."

라고 한다면 이런 제의에 덤벼들 어리석은 자는 없다. 분명히 천
하를 얻는 것은 큰 이익이다. 그러나 아무도 달려들지 않는 것은 반

드시 죽게 된다는 것을 알고 있기 때문이다.

요컨대 이렇다.

만에 하나 잡히지 않는 경우도 있다 하면 책형을 받게 될 위험을 무릅쓰고라도 돈을 훔치는 자가 끊이지 않는다. 반드시 죽게 된다 하게 되면 천하를 준다 해도 달려들 자는 없다.

## 상보다 벌이 효과적이다

노魯나라 사람들이 사냥했을 때의 일이다. 짐승을 쫓아내려고 풀이 있는 저습지에 불을 질렀더니 때마침 북풍이 세차게 불었다. 불은 바람의 영향을 받아 남쪽으로 옮겨 붙고 마을에까지 퍼질 것 같았다.

걱정한 애공哀公은 몸소 신하를 이끌고 소화를 독려하러 달려갔다. 그런데 문득 깨닫고 보니 주위에는 아무도 없다. 모두 불 끄는 것은 제쳐놓고 짐승을 쫓고 있는 것이다. 애공은 당황해서 공자를 불렀다. 공자의 말은 이러했다.

"짐승을 쫓는 것은 재미있는 데다 벌을 받지 않습니다. 불을 끄는 것은 힘든 일인 데다 꺼봤자 상을 받지 못합니다. 그래서 아무도 불 끄는 것을 도우려 하지 않는 겁니다."

"알았다."

"아무튼 불을 끄는 것인데, 상을 주고 있을 여유가 없습니다. 게다가 전원에게 상을 준다면 나라의 금고가 텅 비게 됩니다. 지금은 그저 벌만을 과하십시오."

"음, 알았구나."

거기서 공자는

"불을 끄지 않는 자는 적에게 항복한 자와 같은 죄, 짐승을 쫓는
자는 밀렵꾼과 같은 죄라 간주한다."

하고 언급했다. 그러자 언급한 말이 아직 다 전해지기도 전에 불
은 이미 꺼져 있었다.

재(정이 깊음)와 혜(베풀기 좋아함)는 인간의 조건이다. 이것이 있
으면 인간으로서 훌륭한 인물이라 말할 수 있을 것이다. 그런데
그것은 군주로서는 반대로 실격 조항이 된다고 한다. 군주가 자
나 혜를 지나치게 갖는다면 판단을 그르치는 일이 적지 않다. 조
직 속에 공모나 서로 감싸는 것을 통해서 조직으로서의 활력이
상실되어 버릴 우려도 있다. 군주는 정에 흘러 '신상필벌'의 기본
을 잃어버려서는 안 된다는 것이다.

## 정 깊은 것은 경계해야 할 일

위나라 혜왕惠王이 복피卜皮라는 사람에게 물었다.

"그대는 내 평판을 듣고 있는가."

"오로지 자혜로운 분이라는 평이었습니다."

혜왕은 생긋이 웃으며 말했다.

"허, 그리고 보니 내 장래는 양양하겠군."

"아닙니다, 반드시 나라를 망하게 하고 말 겁니다."

"자혜라고 하면 더 이상 훌륭한 것은 없다. 그런데 나라를 망친다니 그게 웬 말인가?"

복피가 대답했다.

"자慈란 정 깊은 것, 혜惠란 베풀기를 좋아한다는 겁니다. 정이 깊기 때문에 죄를 범한 자도 벌할 수 없습니다. 베풀기를 좋아한다면 공적 없는 자에게까지 상을 남발할 겁니다. 죄를 범한 자도 벌할 수 없고 공적이 없는 자까지 상을 마구 선심 쓴다면 나라를 망치는 것도 당연하지 않습니까."

# 공적을 세운 자에게는
# 확실한 상으로 보상할 것

상이 박하고 게다가 믿을 수 없다면 부하는 열심히 하고자 하는
의욕이 나지 않는다. 상이 두텁고 게다가 확실히 받을 수 있다면 부
하는 죽어라 하고 일한다.

## 확실한 상의 효과

오기吳起는 위나라 무후武侯에게 발탁되어 진秦나라와 경계를 접
하는 서하의 장관으로 등용되었다. 마침 국경 가까이에 적의 조그만
성채가 있어서 농작에 현저한 피해가 발생하고 있었다. 오기는 어떻
게든 성채를 함락시키려고 했다. 그런데 일부러 정규군을 동원할 정

도의 성채도 아니었다.

한 계략을 생각해낸 오기는 우선 수레의 손잡이 하나를 북문 밖에 세워서 이렇게 포고했다.

"이 막대기를 남문 밖까지 운반한 자에게는 좋은 땅과 집을 줄 것이다."

처음에는 아무도 믿지 못해서 운반하려고 하지 않았다. 그러다 겨우 운반하는 자가 나타났다. 오기는 포고한 대로 포상을 주고 여유를 두지 않고 또 동문 밖 한 돌 위에 빨간 팥을 놓고 포고했다.

"이 팥을 서문 밖까지 운반한 자에게는 먼저와 똑같이 포상한다."

그러자 사람들은 앞을 다투어 운반했다.

오기는 마침내 중요한 포고를 했다.

"내일, 성채를 공격한다. 제일 먼저 들어간 자에게는 요직에 등용하고 좋은 땅과 집을 줄 것이다."

사람들은 앞을 다투어 급히 달려가 공격에 착수하자마자 당장에 함락시켰다.

TIP · · ·

어떻게 하면 부하의 하고자 하는 의욕을 갖게 할 수 있을까. 이것이 조직관리의 중요한 포인트가 된다. 그리고 이것은 조직의 리더들이 옛날부터 고심해 온 문제이기도 하다. '기대 이론'에 의하면 부하의 하고자 하는 의욕은 다음 요소에 의해 일어난다.
1. 성공의 확률.

2. 보수의 확실성.
3. 보수의 매력도.
요컨대 성공의 확률이 상당히 높고 거기에 알맞은 보수를 분명히
받을 수 있고 그 보수가 충분히 매력적인 것이라면 부하는 하고
자 하는 의욕을 발휘한다고 한다. 오기의 방법은 이 '기대 이론'
에 맞았다고 할 수 있다.

## 효행마저 상으로 장려할 수 있다

송나라 숭문崇門이라는 마을에 부모의 상을 입고 깊이 슬퍼하다
가 갑자기 여위고 만 남자가 있다. 왕은 이것이야말로 효행의 모범
이라 하여 남자를 관리로 등용했다. 그러자 다음 해에는 상을 입어
몸을 해쳐 죽는 사람이 10명 이상이나 나왔다고 한다.

자식이 부모상을 입고 애통해하는 것은 원래 육친의 정에서 나오
는 것이다. 그것마저도 은상에 의해 장려할 수 있는 것이다. 하물며
군주가 신하에게 임하는 경우는 말할 것도 없지 않은가.

인간은 욕망에 의해 움직이는 동물이다. 인간을 움직이게 하고 있는 것은 '인(仁)'도 아니고 '의(義)'도 아니다. 단 한 가지 '이(利)'라는 것이 '한비자'의 인식이다. 이 인식에서 그런 인간을 상벌에 의해서 컨트롤하면 마음먹은 대로 움직이게 할 수 있을 것이라는 사고방식이 나온다. 여기까지 철저히 할 수 있는지 어떨지는 별개로 인간 행동의 동기에 '이'가 있는 것은 인정하지 않을 수 없다.

# 부하가 자신의
# 발언에 책임을 지게 할 것

부하의 말을 주의 깊게 듣지 않으면 유능한지 무능한지 분간할 수 없다. 부하의 발언에 책임을 지게 하지 않으면 확실한 비교를 할 수 없다.

## 집단 속에 두어서는 모른다

제나라 선왕宣王은 우竽라는 피리 소리를 좋아했는데 피리를 불게 할 때는 반드시 300명에게 합주시키는 것이 보통이었다. 그런데 어느 날, 남곽南郭에서 온 남자가 왕을 위해 우를 불고 싶다고 청원했다. 선왕은 기꺼이 받아들였다. 이렇게 하여 악단원의 수는 수백 명에 달했다.

이윽고 선왕이 죽고 민왕緡王이 왕위에 올랐다. 민왕은 선대와 달리 독주를 좋아했다. 그것을 안 남자는 곧 모습을 감추었다.

이 이야기는 다음과도 같이 전해지고 있다.

한나라 소후昭侯가 말했다.

"많은 사람에게 합주시켜서는 누가 잘 부는지 모른다."

전엄田嚴이 대답했다.

"한 사람 한 사람 불게 해 보면 알 수 있습니다."

**TIP** · · ·

일반적으로 조직의 구성원은 ①하고자 하는 의욕이 있고 능력도 있는 자 20퍼센트, ②적극성은 부족하지만 지시하면 해 주는 자 60퍼센트, ③하고자 하는 의욕도 없고 능력도 부족한 자 20퍼센트로 이루어져 있다고 한다. 이것을 경영학 상에서는 '262의 이론'이라 한다. 저성장 속에서 살아남기 위해서는 조직의 비대화는 허용되지 않는다. 어떻게든 현재 있는 사원의 레벨을 높여 조직을 활성화할 필요가 있다. 그렇게 하기 위해서는 사원 한 사람 한 사람의 개성, 능력, 사기를 정확히 파악해 두어야 한다. 이 일화는 무엇이고 가리지 않고 한데 버무리는 좋지 않은 평균주의에 대한 경고라고도 받아들일 수 있다.

리더는 멀리 보는 혜안을 지녀야 하며,
사람을 다스리는 처세를 익혀야 한다.

# 일부러 의심스러운 명령을 내리고 뜻밖의 것을 물어볼 것

## 트릭의 사용

주나라 군주는 일부러 옥비녀를 잊어버렸다 하고 관리에게 명해서 찾게 했다. 그러나 3일이 지나도 찾지 못한다. 그래서 일부러 사람을 고용하여 찾게 했더니 집과 집 사이에 떨어져 있는 것이 발견되었다.

주나라 군주는 말했다.

"관리들이 일을 게을리 하고 있는 것을 이제 잘 알았다. 3일이 지나도 찾지 못하더니 사람을 고용해서 찾게 하자 그날로 찾았다."

이 말을 들은 관리는 모두 벌벌 떨며 우리 주군은 신과 같은 분이라고 생각했다.

TIP · · ·

리더는 조직의 구석구석까지 장악하고 있어야 한다. 그러기 위해 필요한 것이 '명(明)'이라는 소질이다. 알기 쉽게 말하면 눈이 보인다는 것이다. 이것이 없다면 당장 유리된 존재가 되어버린다. 그러나 '명불급찰(明不及察)'(『송나라 명신 언행록』) '훌륭한 통찰력을 가지고 있음에도 불구하고 너무 사소한 것까지는 보지 않는다.'라는 말이 있듯이 사소한 것까지 일일이 참견하는 자세는 곤란하다. 자신은 중요한 것만을 파악하고 부하에게 맡길 것은 맡기는 것이 바람직한 본연의 자세다. 때로는 뜻밖의 것을 말해서 부하를 긴장시킬 수 있는 것도 지금 말한 전제 조건이 있음으로써 비로소 가능하게 된다.

## 의표를 찌르는 발언

송나라 재상은 비서관을 시장을 순시하러 보내고 그가 돌아온 후에 물었다.

"시장에서 무엇을 보고 왔는가?"

"아무것도 본 것이 없습니다."

"그럴 리가 있나. 뭐든 보고 왔을 텐데."

"그 말씀을 듣고 보니 남문 밖은 소 달구지가 잔뜩 있어서 겨우

지나갈 수 있을 정도였습니다."

"지금의 그 이야기는 아무에게도 말해서는 안 되네."

재상은 그렇게 다짐하고 시장 담당 관리를 호출하여 꾸짖었다.

"시장의 문밖은 쇠똥이 여기저기 널려 있지 않은가."

관리는 어느새 재상이 이런 것까지 알고 있는가 하고 놀랐다. 그 후로는 직무를 태만히 하는 일이 없어졌다.

# 알면서 모른 척
# 물어보기

알고 있으면서도 모르는 체하여 물어보면 몰랐던 것까지 알게 된다. 한 가지를 숙지하면 숨겨져 있던 것까지 분명해진다.

## 모르는 체하고 부하의 마음을 읽다

한나라 소후가 손톱을 자르고 있을 때의 일이다.
손톱 하나를 손 안에 감추어 놓고
"손톱이 없어졌다. 빨리 찾아라."
하고 측근을 재촉했다.
그러자 한 사람이 자신의 손톱을 잘라 "찾았습니다." 하고 말하며
내밀었다.

이렇게 하여 소후는 측근이 반드시 충실한 것만은 아니라는 것을 알았다.

# 백을 흑이라 말하고,
# 없는 것을 있는 것처럼

## 상대를 시험해 볼 것

자지子之는 연나라 재상이다. 저택 안에 앉아서 일부러 측근을 돌아다보며 물었다.

"지금 문에서 밖으로 뛰어간 것은 백마가 아닌가?"

백마가 있을 리 없었다.

"아닙니다, 아무것도 보지 못했습니다만."

하고 모든 측근들이 대답했는데 한 사람만 밖으로 뛰어나갔다 돌아와 보고했다.

"분명히 백마였습니다."

자시는 측근 안에서 충실하지 못한 자를 찾아낸 것이다.

인간은 신뢰할 수 없다. 이것이 『한비자』의 대전제다. 믿어서는 안 될 인간을 믿었기 때문에 나중에서야 당했다 하고 후회한다. 우리들에게도 그런 케이스가 적지 않다. 그렇게 된 경우, 리더가 입는 손해는 한층 더 심각하다. 모처럼 얻은 지위를 헛되게 할 뿐만 아니라 조직 그 자체까지 붕괴에 빠뜨리고 만다. 그 때문에 한비자는 과연 상대가 신뢰할 수 있는 인간인지 어떤지 철저히 의심하고 달려들라고 말하는 것이다. 현대에서도 신뢰했던 부하에게 배신당해 호되게 당한 케이스가 끊이지 않는다. 그것은 믿어서는 안 될 인간을 믿은 당연한 귀결인 것이다. '한비자'가 말하듯이 두 번, 세 번 테스트하여 달려들면 그런 피해는 상당한 정도 방지할 수 있을 것이다.

## 반대의 것을 상대에게 알린다

법정에서 두 남자가 싸우고 있었다. 그때 정나라 재상 자산은 이런 방법을 택했다.

우선 두 남자를 떼어놓고 직접 말을 주고받을 수 없게 한다. 이어서 한쪽 주장과는 반대의 것을 다른 한쪽에게 알린다.

이렇게 하여 자신은 사실을 안 것이다.

## 바람잡이를 사용하여 부정을 알다

위나라 사공卿公은 부하 한 사람으로 하여금 여행자로 꾸며 관문을 통과시켰다. 관문의 관리는 남자를 엄히 조사했지만 돈을 주자 곧 눈감아 주었다.

그 후, 사공은 관문의 관리를 호출하여 추궁했다.

"어느 날 어느 시 관문을 여행자가 지나갈 때 너는 돈을 받고 눈감아 주었지?"

관리는 벌벌 떨며 사공이라는 분은 무엇이든 꿰뚫어 본다고 생각했다.

# 조직 관리의
# 6가지 포인트

## 조직관리의 6가지 포인트

1. 권한을 부하에게 빌려주는 것.

2. 부하가 외부의 힘을 빌리는 것.

3. 부하가 속임수를 사용할 때.

4. 부하는 이해의 대립에 틈을 이용한다.

5. 내부에 세력 다툼이 일어나는 것.

6. 적의 모략에 넘어가는 것.

이 6가지의 포인트에 아무쪼록 신중히 대처해야 한다.

# 권한을 부하에게
# 빌려 주는 것

권한을 부하에게 빌려주어서는 안 된다. 리더가 잃어버린 하나의 권한을 부하는 백 배나 늘려서 사용한다. 부하가 권한을 장악하면 부하의 세력이 증대한다. 그렇게 되면 내외의 사람들이 모두 부하의 손발이 되고 리더는 기반을 잃어버린다.

## 권력자의 측근에 있다는 것

정곽군靖郭君은 제나라 재상이다. 이 사람이 옛날 친구와 긴 이야기를 하였을 뿐인데 상대는 부자가 되고 측근에게 친숙한 말을 걸었을 뿐인데 상대는 점점 중요한 지위를 차지했다.

긴 이야기를 하거나 친숙한 말을 걸었다는 것은 원래 대수로운 것이 아니다. 그래도 부자가 될 수 있는 것이다. 하물며 권한을 쥐게 되면 더구나 말할 것이 없지 않은가.

TIP · · ·

중국의 황제 제도에 내재하는 결점 중 하나가 외척과 환관의 존재였다. 이 양자가 황제를 꼭두각시로 만들고 실권을 장악하여 정치를 혼란케 하고 결국에는 나라를 망하게 했다는 예가 적지 않다. 외척이라는 것은 황후나 황태후의 혈통으로 이어지는 사람들이기 때문에 그들이 국정의 실권을 장악한 것은 그런대로 이해가 간다. 그러나 환관이라는 것은 그런 배경을 일체 갖지 않은 사람들이다. 그것이 왜 실권을 장악하게 되었는가. 그것은 전적으로 황제와 가까이 있기 때문이다. 그들은 24시간 내내 황제 측근에 시중들면서 일상사를 돌보아 주었다. 이것이 그들의 강점이며 그 강점을 이용하여 권력을 장악한 것이다. 측근의 두려움이 여기에 있다. 군주가 어지간히 자신을 경계하지 않으면 그들은 '옛날 무가에서 다도를 맡아보던 사람'과 같은 존재가 되고 군주의 권위를 믿고 빼기게 된다. 이것은 현대에서도 종종 볼 수 있는 현상이며 일종의 조직악이라 할 수도 있다.

## 부하는 권한 있는 자에게 복종한다

주후州侯가 초나라의 재상이 되자마자 권한을 한손에 장악하고

국정을 도맡아 관리했다. 초왕은 그가 하는 일에 의심을 품고 좌우
측근들에게 물었다.

"재상의 방법에 이상한 점은 없는가?"

"없습니다."

약속이나 한 듯이 이런 대답이 돌아왔다.

부하 입장에서 두려운 것은 권한을 장악한 인물이다. 권한이 없
는 리더는 단순한 장식품에 불과하다. 부하를 엄히 감독하려면
우선 권한을 장악할 것, 장악하면 놓지 말 것이다.

## 합심하여 속이는 것

연나라의 이계李季라는 인물은 자주 멀리 여행을 했다. 집을 비운
사이에 아내가 남자를 만들었다.

이계가 여행에서 돌아왔을 때 남자는 침실에 있었다. 아내는 안
절부절못한다. 그것을 보고 하녀가 꾀를 냈다.

"저 사람을 발가벗기고 머리를 풀어헤치고 문밖으로 내쫓아버리
세요. 우리들은 아무것도 보지 못한 것으로 할 테니까요."

남자는 이 계략에 따라 밖으로 달려나갔다.

"저건 누구냐?"

이계가 묻자

"아무것도 보지 못했는데요."

집안 사람이 말이 어긋나지 않도록 말을 맞추었다.

"유령이라도 본 건가?"

"틀림없이 그럴 겁니다."

"어떻게 하면 되지?"

"글쎄 말입니다. 소와 양과 돼지와 그리고 개와 닭의 오줌을 뒤집어쓰면 액막이가 된다던데요."

"그러면 그렇게 할까."

이계는 짐승의 오줌을 뒤집어썼다.

일설에 의하면 뒤집어 쓴 것은 난 잎을 넣고 끓인 목욕물이라고도 한다.

# 부하가 외부의
# 힘을 빌리는 것

리더와 부하는 이해를 달리 하기 때문에 부하의 충성에 기대를 해서는 안 된다. 부하의 이익이 늘어나면 그만큼 리더의 이익은 줄어든다. 때문에 속이 검은 부하는 적군을 불러들여서 국내의 라이벌을 처치하고 국외의 문제에 주의를 끌어서 군주의 판단을 흐리게 하려고 한다. 사리사욕을 추구할 뿐 나라의 안위 따윈 염두에도 없다.

## 부하끼리 손을 잡으면 군주는 위험하다

노나라에서는 중신이었던 맹손孟孫, 숙손叔孫, 계손季孫의 세 가문이 서로 협력하여 소공昭公의 권력을 약화시키고 결국에는 왕을 은

근히 무시하고 국정의 실권까지 장악하기에 이르렀다.

이보다 먼저 세 가문이 빈번히 세력을 신장하고 있을 무렵 소공은 그들의 기선을 제압하여 우선 계손에게 공격을 가했다. 이것을 보고 맹손과 숙손도 계손을 구원하러 달려가야 할 것인지 여부를 상의했다. 숙손 측 가신의 주장은 이러했다.

"우리는 가신의 가신이고 왕 따윈 어떻게 되든 알 바 아니다. 계손이 있는 경우와 없는 경우, 어느 것이 우리에게 유리한가, 그것부터 판단해야 되지 않겠는가."

모두 저마다 대답했다.

"계손이 당했다면 반드시 우리도 당할 거다."

"그래, 맞는 말이야. 돕도록 하자."

이렇게 하여 숙손의 측근들은 기를 세우고 서북방에서 왕의 포위군을 돌파하여 계손의 성으로 들어갔다. 이것을 본 맹손도 구원하려 달려간다. 이렇게 세 가문이 일체가 되어 왕의 군에 대항하였다.

패한 소공은 부득이 나라에서 도망쳐 건후乾侯라는 곳에서 객사했다.

군주의 자리는 견고한 것처럼 보여도 의외로 연약하다. 그 전형
적인 케이스가 측근이나 중신에게 배신당하는 경우다. 그들은 권
력의 내부에 있다. 그런 만큼 그들에게 배신당하면 군주의 자리
따윈 간단히 뒤집어지고 말 것이다. 어느 나라의 역사를 보더라
도 그런 예에 부족함이 없고 비슷한 경우는 현대에도 종종 일어
나고 있다. 그들을 신뢰하면서도 주의를 게을리 하지 않도록 해
야 한다.

# 외부의 힘 빌리기

적황翟璜은 위왕의 신하이지만 외국의 한과 사이가 좋았다. 그래
서 한의 군을 불러들여서 위를 공격했다. 이렇게 하여 위왕을 위해
강화를 맺어 자국에서 자신의 입장을 유리하게 하려고 한 것이다.

리더는 경계를 게을리 하지 않는다,
재앙은 내부의 사랑스러운 자로부터 생긴다.

# 부하가 속임수를
# 사용할 때

부하가 속임수를 사용하면 군주는 형벌의 적용을 그르친다. 그 결과 중신이 권력을 신장한다.

## 문지기에게 놀아난 제나라 왕

제나라 중신에 이사夷射라는 인물이 있었다. 어느 날, 왕의 호출로 술대접을 받아 완전히 취해버린다. 만취한 그는 밖으로 나가 문에 기대 술 깨기를 기다리고 있었다.

문지기는 다리를 절단하는 형에 처해진 남자인데 이렇게 말했다.

"마시다 남은 것이라도 있으면 부디 한 잔만 베풀어주십시오."

"쳇, 저리 물러서. 전과자 주제에 술을 달라니……."

문지기는 물러났지만 이사가 가버리자 문의 낙숫물 떨어지는 곳 주변에 꼭 소변을 본 것처럼 물을 뿌려 두었다.

이튿날, 왕이 나와서 호통을 쳤다.

"누구야, 이런 곳에 소변 본 놈은?"

문지기가 대답하기를

"모르겠습니다. 다만 어젯밤 이사님이 거기에 서 있었습니다."라고 하였다.

왕은 이사를 체포하여 주살했다.

군주가 상벌의 적용을 그르치는 경우에는 다음 두 가지가 있다.

1. 인정에 얽매어 편애하는 경우. 이런 때는 자칫하면 '이 정도는 괜찮겠지' 하고 자신을 납득시키려고 한다. 이 케이스는 군주 자리의 지엄함에 대한 자각이 불충분한 것에서 일어난다.

2. 그릇된 신고에 의거해 판단을 형성하는 경우. 이 경우에는 허위 신고를 꿰뚫어보지 않는 안이함을 비난받아야 하며 부하의 장악이 불충분하다는 비난을 면하지 못할지도 모른다.

제왕의 경우는 분명히 후자다. 동시에 이 일화는 사람의 원한을 사는 무서움을 가르치고 있다.

## 왕의 힘을 빌려서 라이벌을 쓰러뜨리다

초왕은 정수鄭袖라는 측실을 총애하고 있었다. 거기에 신참 미녀가 헌상되어 왔다.

정수는 미녀를 향해 귀띔했다.

"왕은 손으로 입가를 감추는 것을 매우 좋아하신다. 곁으로 부르시면 꼭 입가에 손을 갖다 대라."

미녀는 왕을 곁에서 모실 때마다 손으로 입가를 감추도록 했다. 왕이 이유를 묻자 정수가 대답했다.

"전부터 왕의 체취가 싫다고 하더군요."

그로부터 정수는 미녀와 둘이서 왕의 곁에서 모시게 되었다. 그때 미리 왕의 시종에게 알아듣게 말해 두었다.

"왕이 무슨 말을 하면 곧 그대로 하도록 하라."

그런데 왕의 곁에서 모신 미녀는 자주 입을 감춘다. 왕은 불끈하고 호통치며 꾸짖었다.

"괘씸한 것, 이놈의 코를 베어버려라."

시종은 칼을 들자마자 미녀의 코를 베어버렸다.

군주의 판단을 흐리게 하는 것은 측근이나 중신만이 아니다. 오히려 처첩이나 친척의 경우 군주의 주변에 있기만 해도 그 해는 한층 더 심각하다. 그 자들에게도 경계를 게을리 하지 말라고 '한비자'는 말한다.

"아무리 외적에 대비해 봐도 효과는 없다. 실은 적은 내부에 있다. 미워하는 자만을 조심해도 충분하지 못하다. 재앙은 오히려 사랑하는 자로부터 생기는 것이다."(비내편)

정수에게 현혹된 초왕의 어리석음을 비웃을 자는 아무도 없는 것이다.

## 주군을 함정에 빠뜨린 남자

중산中山이라는 나라에 찬밥을 먹고 있는 왕자가 있었다. 탈 것이라고 해야 바싹 여윈 말에 낡은 마차. 참으로 초라했다.

이 왕자의 가신 중에 몰래 두 마음을 품고 있는 자가 있었다. 그가 왕에게 청원했다.

"왕자님은 몹시 궁색해서 말 사료조차 부족한 실정입니다. 하다 못해 사료 값이라도 늘려 주는 것은 어떨까요?"

그러나 왕은 응낙하지 않는다.

그래서 남자는 몰래 여물 창고에 불을 질렀다. 왕은 틀림없이 왕자의 소행이라 생각하고 왕자를 체포하여 주살했다.

# 부하는 이해의 대립에
# 틈을 노린다

사건이 일어났을 때 그에 의해 이익을 얻는 자가 있으면 그자가 주모자다. 반대로 손해를 입는 자가 있으면 그와 이해가 상반되는 자를 규명해야 한다. 그러므로 명군은 나라에 손해를 초래하는 사건이 일어나면 그로부터 이익을 얻는 자를 취조한다. 신하에게 손해를 주는 사건이 일어나면 그 신하와 이해가 상반되는 자를 찾아낸다.

## 화재로 이익을 얻는 것은 누군가

소계흌昭奚恤이 초나라 재상으로 있을 때 이야기다. 방화 사건이 있어서 창고가 전부 타버렸으나 범인을 잡지 못했다.

그래서 그는 관리에게 명해서 새茅 장사를 잡아 추궁하게 했더니 과연 이 남자의 소행임이 밝혀졌다.

## 후임이 될 자는 누군가

희공僖公이 목욕을 했을 때 물 속에 자갈이 섞여 있었다.

희공은 측근에게 물었다.

"목욕 담당이 해고되었는데 후임자는 정해졌는가?"

"네, 정해져 있습니다."

"그자를 불러오도록 하라."

그 남자가 오자 희공은 거친 목소리로 질책했다.

"이 녀석! 무슨 연유로 목욕물 속에 자갈을 넣었느냐?"

남자가 머뭇거리며 대답하기를

"죽을죄를 지었습니다. 목욕 담당이 해고되면 대신 제가 고용될 것 같아서 그래서 자갈을 넣었습니다."

하였다.

TIP ····

인간은 모두 복잡한 이해관계 속에서 살고 있다. 사건을 규명하는 경우, 이해관계의 차이에 눈을 돌리라는 '한비자'의 지적은 단순하기는 하지만 그 나름으로 설득력을 가지고 있다. 이는 현대에도 범죄 수사의 단서의 하나로 이용될 정도다.

# 진범은 따로 있다

진나라 문후에 대해서도 이런 이야기가 있다.

어느 날, 요리 담당이 불고기를 바쳤더니 그 고기에 머리카락이 달라붙어 있었다. 문후는 요리 담당을 불러서 질책했다.

"이런 것을 먹으라고 가져왔는가. 먹다가 목이라도 메이면 어떻게 할 건가? 왜 머리카락을 붙여 놓았는가?"

요리 담당은 납죽 엎드려서 잘못했다고 사과했다.

"죄, 죄송합니다. 제가 죽을죄를 세 가지나 범하고 말았습니다. 식칼은 잘 갈았기 때문에 명검보다 잘 듭니다. 하지만 고기는 잘렸지만 머리카락은 잘라지지 않았습니다. 이것이 첫 번째 죄입니다. 꼬챙이에 고기를 꿰었을 때 머리카락이 붙어 있는 것을 깨닫지 못했습니다. 이것이 두 번째 죄입니다. 화로의 숯을 새빨갛게 지펴놓고 구웠기 때문에 고기는 잘 익었지만 머리카락은 타지 않았습니다. 이것이 세 번째 죄입니다. 혹은 아랫것들 중에 나를 미워하는 자가 있을지도 모르겠습니다."

"알았다."

문후가 아랫것들을 모아 취조하자 과연 진범을 찾았다.

# 내부에 세력
# 다툼이 일어나는 것

내부 세력 다툼은 혼란의 근원이다. 때문에 명군은 그런 다툼이 일어나지 않도록 마음을 쓴다.

## 후계자 다툼은 내분의 근원

초나라 성왕成王은 상신商臣을 태자로 책봉했었는데, 상신의 태자를 폐하고 후궁의 공자 직을 태자로 봉하려고 했다. 상신은 그 기미를 알아차렸지만 그 진위를 알 수가 없었다. 그래서 호위를 담당하는 반숭潘崇에게 상의했다.

"어떻게 하면 확실한 것을 알 수 있겠느냐?"

"왕의 여동생인 강미를 초대하여 일부러 소홀하게 대해 보십시오.”

상신은 시키는 대로 하였다. 참다 못한 강미는 서슬 퍼렇게 화를 내며

“흥, 촌놈이. 그러니 태자에서 밀려나는 것도 당연하지.”

하고 연회를 물리치고 가버렸다.

상신은 반숭을 불러서 말했다.

“역시 소문이 진짜였군.”

“이렇게 된다면 직이 태자가 되는데 그 태자의 부하가 되겠습니까?”

하고 반숭이 물었다.

“그렇게는 못하지.”

“그러면 타국에 몸을 의탁하시겠습니까?”

“그것도 싫어.”

“그러면 과감하게 손을 쓰시겠습니까?”

“그렇게 하고 싶네.”

이렇게 하여 상신은 근위병을 동원하여 궁중으로 쳐들어가 성왕을 체포했다. 성왕은 시간을 벌기 위해 곰 발바닥 요리를 먹고 죽고 싶다고 부탁했으나 거절당하자 자살하고 말았다.

TIP . . . .

후계자 다툼으로 일어나는 소동은 옛날부터 너무 많아서 일일이 셀 수가 없다. 많이 알려져 있는 것으로는 진시황제, 한나라 고조 유방 모두 그렇고 나아가서는 당나라 태종이나 청나라 강희제와 같은 명군조차 결코 예외는 아니었다. 군주의 자리는 하나이며 그것을 노리는 자는 한 사람이 아니다. 게다가 신하도 다음 군주 자리에 누가 앉을 것이냐에 따라 자신의 운명이 크게 달라지게 된다. 섣불리 하다가는 나라가 양분되는 싸움으로 발전할 수도 있다. 그 열쇠를 쥐고 있는 것은 우선 군주 자신의 태도라 말할 수 있다.

## 다툼의 구실은 끝이 없다

호돌狐突이라는 인물이 다음과 같이 말하고 있다.

"군주가 여색을 좋아하면 애첩들이 내 자식을 후계자로 삼고 싶어하기 때문에 태자의 지위가 불안해진다. 군주가 남색을 좋아하면 상대 남자가 실권을 장악하기 때문에 재상의 지위가 불안해진다."

# 적의 모략에
# 넘어가는 것

## 모략에 넘어간 노나라 애공(哀公)

공자가 대신으로 임명되자 노나라 정치는 몰라보게 좋아졌다. 이에 골머리를 썩힌 것은 이웃나라 제의 경공景公이다. 그것을 보고 여차黎且라는 중신이 경공을 부추겼다.

"공자를 실각시키는 것은 어렵지 않습니다. 우선 고위 고록으로 우리나라에 초빙한다고 말해 두고 한편으로 노나라 애공에게는 여자 가무단을 보내 넋을 빼앗게 하는 겁니다. 애공은 반드시 즐거움에 빠져 정치를 게을리 할 겁니다. 공자는 틀림없이 간할 겁니다. 간하면 애공의 노여움을 사서 노나라에 있지 못하게 될 것임에 틀림없습니다."

"좋아, 알았다."

경공은 재빨리 여차에게 명해 16명으로 구성된 가무단을 편성하여 애공에게 보냈다. 애공은 과연 이에 빠져서 정치를 게을리 하게 되었다. 공자가 간언하였으나 받아들여지지 않았다. 공자는 부득이 노나라를 떠나 초나라로 향했다.

## 가짜 편지로 사람을 죽이다

진나라 숙향淑向은 주나라 장홍萇弘을 실각시키려고 가짜 편지를 사용했다. 그것은 장홍이 자신에게 보낸 것처럼 쓴 것이다.

"주군에게 전해 주시기 바랍니다. 약속한 때가 왔기 때문에 곧 군대를 보내주기 바랍니다."라고.

숙향은 일부러 그 편지를 주나라 궁전 정원에 떨어뜨리고 급히 그 자리에서 떠났다.

과연 그 편지를 발견한 주왕은 장홍을 매국노로서 주살했다.

# 리더가 자멸하는
# 10가지 이유

# 리더가 자멸하는 10가지 이유

1. 사소한 충의에 구애되는 것.

2. 사소한 이익에 구애되는 것.

3. 자기 멋대로의 행동은 자멸의 근원.

4. 음주가무에 열중하는 것.

5. 욕심에 눈이 머는 것.

6. 여색에 열중하는 것.

7. 나라를 비워두고 멀리서 노는 것.

8. 충신의 의견을 받아들이지 않는 것.

9. 자신의 분수를 모르는 것.

10. 무력한 주제에 예의를 모르는 것.

# 사소한 충의에
# 구애되는 것

## 전쟁터에서 술을 권한 탓으로

'사소한 충의'란 어떤 것인가.

옛날 초나라 공왕共王이 언릉鄢陵에서 진의 여공厲公과 싸웠을 때의 일이다. 초나라 군은 패하고 공왕 자신도 눈에 부상을 입는 괴로운 싸움이었다.

싸움하는 도중에 초나라 장군 자반子反이 목이 말라 물을 찾았다. 그러자 장수를 따르던 곡양穀陽은 술잔에 술을 따라 올렸다.

"안 돼, 이건 술이 아니냐."

"그렇지 않습니다."

상대가 그렇게 말하는 바람에 받아서 마셨다. 원래 술을 싫어하는 것은 아니었기 때문에 맛있다 하고 술잔을 거듭 기울이고 있는 사이에 취하고 말았다.

싸움은 일단 쉬고 있었다. 공왕은 다음 싸움에 대비하여 작전을 상의하려고 자반을 부르러 보냈다. 그런데 가슴 언저리가 아파서 오지 못하겠다는 대답이다. 그래서 공왕은 몸소 마차를 타고 자반에게 달려갔다. 진영에 들어가는 순간 술 냄새가 확 풍긴다.

공왕은 그대로 되돌아가 이렇게 말했다.

"오늘의 싸움은 나까지 부상을 입을 정도의 고전이다. 믿을 것은 장군뿐이다. 그런 장군이 곤드레만드레 취했다니. 저 모양으로서는 나라도 군대도 염두에 없겠지. 싸움은 그만두어야겠다."

공왕은 군에게 철퇴 명을 내렸고 귀국하자마자 대죄를 범했다 하여 자반을 참수했다.

곡양이 자반에게 술을 권한 것은 일부러 원한을 풀려고 한 것이 아니다. 그 나름으로 충의를 다하려고 한 것이지만 그것이 오히려 자반을 죽이는 사태가 된 것이다.

술을 권한 하인의 행위에 악의는 없다. 어디까지나 선의다. 때문에 더욱더 사태가 악화되어 감당할 수 없게 되었다. 권한다고 마신 자반에게도 과오가 있었다. 좋아하기 때문에 그만 받아 마셔 버린 것이다. 이런 경우, 리더에게 바람직한 것은 다음 두 가지일 것이다.

1. 좋아하기 때문에 빠져든다는 것은 인간적인 약점이다. 일반 서민이라면 그래도 좋겠지만 책임 있는 자에게는 금물이다. 스스로 엄격한 자기 통제를 해야 한다.

2. 지금 무엇이 중요한가, 경중의 판단을 그르치지 말 것. 그렇기 위해서는 항상 냉정한 태도를 잃어서는 안 된다.

# 사소한 이익에
# 구애되는 것

## 소탐대실의 과오

'사소한 이익에 사로잡힌다'는 것은 어떤 것인가.

옛날, 진나라 헌공獻公은 괵虢이라는 나라를 공략하려고 생각했는데, 공격하려면 어떻게든 우虞나라 영내를 지나가야 했다. 이때 순식荀息이라는 중신이 진언했다.

"우나라 왕은 욕심이 많고 보물을 좋아하는 사람이니 수극垂棘 땅에서 나는 옥으로 된 그릇과 굴屈 땅에서 나는 준마를 예물로 보내서 길을 빌려달라고 청하는 겁니다. 반드시 빌려줄 겁니다."

"수극의 옥으로 된 그릇은 선대로부터 전해 내려오는 보물이고,

굴의 준마는 나에게 있어서 둘도 없는 매우 소중한 말이다. 선물만 받고 길을 빌려주지 않으면 어떻게 하지?"

"길을 빌려줄 마음이 없으면 애당초 선물은 받지 않을 겁니다. 받고 빌려주기만 하면 되는 겁니다. 보물은 안에 있는 창고에서 바깥 창고로 옮기는 것과 같은 것, 말 역시 안의 마구간에 있던 것을 바깥 마구간으로 옮겨 맨 것과 같은 겁니다. 걱정하실 것 없습니다."

"알았다."

헌공은 그렇게 말하고 순식을 사자로, 옥으로 된 그릇과 준마를 들려 우나라로 보내 길을 빌리는 교섭을 하게 했다.

우공은 선물로 보낸 옥으로 된 그릇과 준마에 눈이 어두워져 진나라의 청을 받아들이려고 한다. 그것을 보고 궁지기宮之奇라는 중신이 간언했다.

"안 됩니다. 우리 우나라로서 괵은 수레의 받침대와 같은 것입니다. 받침대는 수레에 의지하고 수레는 받침대에 의지합니다. 만약 길을 빌려주면 괵이 멸망하는 그날 우나라 역시 멸망할 겁니다. 빌려주어서는 안 됩니다. 아무쪼록 거절하셔야 합니다."

그러나 우공은 듣지 않고 길을 빌려주었다.

순식은 괵을 공략하여 귀국했다. 그리고 3년 후, 다시 군사를 일으켜 우나라를 쳐서 공략한다. 순식은 말을 끌고 은으로 된 그릇을 가지고 귀국하여 헌공에게 승전의 보고를 했다.

헌공은 이렇게 말하며 기뻐했다.

"은으로 된 그릇은 그대로 있고 게다가 말이 많이 자랐구나."

우공이 싸움에 패하여 영토를 빼앗긴 이유는 무엇인가? 눈앞의 이익에 유혹되어 그에 따르는 손해를 생각하지 않았기 때문이다.

인간은 이익에 의해 움직이는 것이라는 '한비자'의 인식에 의하면 이익에 유혹되지 말라는 것도 원래 무리한 이야기다. 눈앞의 이익에 유혹되는 것은 인간의 숙명이라고 말할 수 있다. 그리고 거기서 여러 가지 인간의 드라마가 생기는 것이다. 그러나 어차피 이익을 추구할 바에는 사소한 이익보다 큰 이익을 추구하는 것이 좋다. 사소한 이익에 사로잡혀서 큰 이익을 잃어버리는 경우를 경계해야 하는 것이다. 리더에게 바랄 수 있는 경계로서는 다음 세 가지를 지적할 수 있다.

1. 대국적인 판단을 잃지 말 것.
2. 항상 목표 관리를 게을리 하지 말 것.
3. 멋대로 조리가 닿지 않는 말이나 행동을 삼가할 것.

# 자기 멋대로의 행동은
# 자멸의 근원

'조리가 닿지 않는 행동을 하는 것'은 어떤 것인가.

옛날, 초나라 영왕靈王은 신申의 땅에 제후를 모아 맹약을 체결했다.

그때 송나라 태자가 늦게 왔기 때문에 잡아서 유폐했다. 또 서徐나라 군주에게 무례한 행동을 했다는 이유로 제나라 재상 경봉慶封을 구류했다.

이것을 보고 한 비서관이 간언했다.

"제후가 모여 맹약을 체결하는 데 무례를 범하는 것은 용서할 수 없습니다. 이것은 국가의 존망이 달려 있는 문제입니다. 옛날, 하나라 걸왕桀王은 유융有戎에서 맹약을 체결한 후 유민有緡에게 배신당했습니다. 또 은殷의 주왕紂王도 여구黎丘에서 맹약을 체결한 후 융적戎狄에게 배신당했고, 이 모두 무례를 범했기 때문입니다. 아무쪼록 잘 생각하시기 바랍니다."

그러나 영왕은 듣지 않고 여전히 멋대로의 행동을 계속했다.

그로부터 1년도 지나지 않아서 영왕이 남방으로 놀러 가서 도성을 비우는 순간 신하가 모반을 일으켰다. 그 때문에 진퇴유곡에 빠진 영왕은 건계乾溪 강가에서 아사했다.

'조리에 닿지 않은 말이나 행동'의 원문은 '행벽(行僻. 예의 바르지 못한 것)인데 그 내용으로서는 다음과 같은 것이 포함되어 있다.
1. 상식에서 벗어나는 것.
2. 불공평한 것.
3. 혼자만 좋다고 결정하여 남의 생각은 전혀 들으려 하지 않는 독선.

# 음주가무에
# 열중하는 것

## 수상쩍은 거문고의 조율

'음주가무에 열중한다'는 것은 어떤 것인가. 한 예로 지나치게 음악에 심취하는 경우를 들 수 있다.

옛날, 위나라 영공이 진나라에 가는 도중 복수濮水 강가에서 마차에서 말을 풀어 쉬게 하여 천막을 치고 숙영을 했다.

그러자 그날 밤, 어디서인지 지금까지 들은 적도 없는 거문고 가락이 들려오는 게 아닌가. 완전히 매료된 영공은 사람을 시켜 그 부근을 찾게 하였으나 한 사람도 들은 사람이 없다고 했다.

그래서 영공은 악사인 사연師涓을 불러서 말했다.

"들은 적도 없는 가락이 들려왔기에 사람을 시켜 그 주변을 찾아 보았지만 아무도 들은 사람이 없다고 한다. 도저히 이 세상의 가락 이라고는 생각할 수 없다. 그래서 그대에게 부탁하고 싶은데 그것을 듣고 정확히 기억해 두게."

"잘 알겠습니다."

사연은 조용히 앉아 거문고를 타면서 들려오는 가락을 머릿속에 심어두었다. 그리고 이튿날 영공에게 보고할 겸 이렇게 청원했다.

"그럭저럭 기억은 했지만 아직 충분하지 않습니다. 오늘 하룻밤 여기 묵으면서 배우게 해 주십시오."

"알았네."

이렇게 하여 하룻밤 더 숙영하여 사연이 배워 익힐 것을 기다려 진으로 향했다.

## 망국의 곡

진나라 평공平公은 시이施夷의 궁전에 영공을 맞아 환영 연회를 베 풀었다. 연회가 바야흐로 한창인 때 영공은 일어나서 말했다.

"새로운 곡을 구해 왔으니 괜찮다면 이쯤해서 들려드리고 싶은데 어떻습니까?"

"아무쪼록 부탁합니다."

평공은 흔쾌히 청하고는 사연을 불러서 진나라 악사의 사광師曠 옆에 앉혔다. 사연이 거문고를 타기 시작했다. 그런데 아직 끝나기도 전에 사광이 손으로 제지했다.

"그만두십시오. 이것은 망국의 곡입니다."

평공이 물었다.

"누가 만들었는가?"

"은나라의 사연師延이 만든 곡입니다. 저 주왕紂王을 위해 음란한 음악을 연주하고 있던 악사인데 주왕은 주나라 무왕에게 멸망했을 때 동쪽으로 도망쳐서 복수 강에 몸을 던져 죽었습니다. 때문에 이 곡은 복수 강가에서밖에 들을 수 없습니다. 게다가 이 곡을 들은 사람은 반드시 영토의 일부를 빼앗긴다고 합니다. 그러니 이제 그만두는 게 좋겠습니다."

그러나 평공은 듣지 않는다.

"나의 즐거움은 음악이네. 끝까지 듣게 해 주게."

사연은 거문고를 끝까지 탔다.

다 듣고 나자 평공은 사광에게 물었다.

"이 곡은 어떤 음조에 해당되는가?"

"청상(淸商: 슬프다는 가락)입니다."

"청상이 제일 슬픈 가락인가?"

"아닙니다, 청징淸徵에는 미치지 못합니다."

"그러면 그 청징을 들려주게."

"그건 안 됩니다. 옛날 청징을 들은 군주는 모두 덕을 갖춘 분들 이었습니다. 우리 주군은 청징을 들을 수 있을 정도의 덕을 지니고 있지 않습니다."

"나의 즐거움은 음악이다. 꼭 그 가락을 듣고 싶다."

평공은 이렇게 끈덕지게 버텼다.

## 자신의 덕으로 감당할 수 없는 곡조

부득이 사광은 거문고를 타기 시작했다. 그 순간 검은 학 16마리
가 남쪽에서 날아와서 문 위에 앉았다. 연주를 계속하자 열을 이루
었고, 또 계속 타자 목을 길게 뽑아 울며 날개를 펼쳐 춤을 추었다.
그 울음소리는 궁상宮商의 가락에 필적하여 하늘까지 울려 퍼졌다.

평공은 크게 만족하고 일동도 감격했다.

평공은 술잔을 들고, 일어나서 사광을 위해 건배하고 자리에 돌
아와서 다시 물었다.

"청징보다 슬픈 곡은 없는가?"

"청각清角이라는 것이 있습니다."

"그러면 그것도 들려주게."

"안 됩니다. 옛날, 황제黃帝가 태산에 귀신을 모은 적이 있습니다.
황제는 상아로 된 마차를 타고 6마리의 용으로 하여금 끌게 하여 마
차 좌우에는 필방(畢方: 나무의 요정) 앞에는 치우(蚩尤: 불의 신)가 섰습
니다. 가는 앞의 먼지를 제거하는 것은 바람의 신, 길을 깨끗이 하는
것은 비의 신, 전방을 지키는 것은 호랑이와 늑대, 후방에 따르는 것
은 귀신들. 땅에는 등사(騰蛇: 날개 달린 신령스런 뱀)가 엎드리고 하늘에
는 봉황이 춤을 추었다고 합니다. 이와 같이 황제는 모든 귀신을 모

아 놓고 청각의 가락을 만든 겁니다. 우리 주군은 이 곡을 들을 수 있을 정도의 덕을 몸에 익히지 못했습니다. 들으면 반드시 신세를 망칠 것입니다."

그러나 평공은 듣지 않는다.

"나는 늙어서 즐거움이라고 하면 음악밖에 없다. 부탁하네. 꼭 들려주게."

부득이 사광은 거문고를 들었다.

거문고를 타기 시작하는 순간 서북 쪽에서 수상쩍은 구름이 일었다. 거문고 타기를 계속하자 큰비를 수반한 강풍이 불어와서 천막을 찢고 식기를 깨고 궁전의 기와까지 날려 버렸다. 동석한 사람들은 모두 뿔뿔이 흩어져 도망치고 평공은 복도 한쪽 구석에 납죽 엎드려 공포에 떨고 있을 뿐이었다.

그 후, 진에는 가뭄이 계속되어 3년 동안이나 곡식이 자라지 않았다. 그리고 평공 자신도 업병(악업의 응보로 걸린다는 난치병)에 걸리고 말았다.

> **TIP** • • •
>
> 수상쩍은 것은 꼭 음악에 한하는 것은 아니다. 가지(주문을 외며 부처의 도움, 보호를 빌어 병이나 재앙을 면함), 기도, 영매, 점, 모두 이런 종류다. 자신의 판단을 형성하려면 이들을 참고로 하는 것은 좋다. 문제는 전면적으로 의존하는 태도. 그래서는 군주로서의 책임을 스스로 포기하고 있는 것이나 다를 바 없다. '진인사대천명(盡人事待天命: 할 일을 다하고 하늘의 명을 기다린다. 최선을 다하는 마음의 자세를 강조하는 말)'이라고 한다. 합리적인 조리를 세워서 인사를 다하는 데 의미가 있는 것이다.

# 욕심에
# 눈이 머는 것

## 우쭐해져서 억지를 쓴 지백

'욕심에 눈이 먼다는 것'은 어떤 것인가.

옛날, 진나라 지백요知伯瑤는 조趙, 한韓, 위魏의 군대를 이끌고 범范과 중행中行을 공격하여 멸망시켰다. 나라로 돌아와서 수년 간 군대를 쉬게 하며 조용히 있다가 이윽고 한에 사자를 보내 땅을 요구했다.

한의 강자康子는 이 요구를 딱 잘라 거절하려고 했다. 그러나 단규段規라는 신하가 간언했다.

"거절하시면 안 됩니다. 지백이라는 자는 욕심이 많고 잔인한 인품이라 요구해 온 것을 주지 않으면 틀림없이 군대를 보낼 겁니다. 이번에는 잠자코 요구를 받아들이십시오. 그러면 그자는 우쭐해서 다시 다른 나라에 땅을 요구할 겁니다. 개중에는 거절하는 나라도 나올지 모릅니다. 거절하면 반드시 그 나라에 군대를 보낼 겁니다. 그렇게 되면 우리 한나라는 난을 모면하고 정세의 변화를 기다릴 수 있습니다."

"과연……. 알았다."

이렇게 하여 한나라는 지백에게 사자를 보내 호수戶數 1만 가구의 현을 헌상했다.

기뻐한 지백은 이번에는 위나라에 사자를 보내 땅을 요구했다. 위나라 선자宣子도 거절하려고 한다. 그러자 조가趙葭라는 신하가 간언했다.

"한은 역시 땅을 요구해 와서 이에 응했습니다. 우리 위도 같은 요구를 강요해온 지금 섣불리 강한 체하고 거절하면 지백의 분노를 사서 필히 화를 입을 것입니다. 요구에 응해서 땅을 주는 것이 좋을 거라 생각합니다."

"알았다."

위나라 선자도 지백에게 호수 1만 가구의 현을 헌상했다.

우쭐해진 지백은 다시 조나라에 사자를 보내 채蔡, 고낭皋狼의 땅을 요구했다. 조나라의 양자襄子는 이것을 딱 잘라 거절했다. 분노한 지백은 은밀히 한, 위와 밀약하여 손을 잡고 조를 토벌하기로 했다.

## 성인의 치세는 백성의 곳간에 쌓인다

지백의 움직임을 헤아린 조나라 양자는 신하인 장맹담張孟談을 불러 대책을 강구했다.

"지백이라는 자는 겉으로는 친밀한 태도를 보이고 있지만 본심은 반대다. 그 증거로 한나라와 위에는 세 번이나 사자를 보내면서 나에게는 인사 한마디도 없었다. 반드시 우리 쪽으로 군대를 보내 올 것이다. 그러니 어디에 포진해서 맞아 공격하면 되겠는가?"

장맹담이 대답했다.

"그렇다면 진양晋陽이 제일입니다. 그곳은 원래 선대를 섬긴 동알우董閼于, 지모가 풍부한 인물이 다스리던 곳인데, 그 이후 현인인 윤탁尹鐸이 이어받았습니다. 그런고로 지금도 두 사람의 가르침이 뿌리 내리고 있습니다. 진을 치려면 진양 외에는 없습니다."

"알았다."

양자는 연능생延陵生을 불러 기마를 이끌고 진양으로 선발대를 보내고 자신은 뒤따랐다. 도착하자마자 곧 성곽과 창고를 점검했다. 그런데 성곽은 파손된 채, 곡물창고도 금고도 무기고도 모두 텅 비어 있고 마을의 대비 상태도 전혀 되어 있지 않았다. 양자는 당황해서 장맹담을 불렀다.

"성곽과 창고를 둘러보았는데 어디에도 대비가 되어 있지 않으니 이래서야 어떻게 싸우겠는가."

장맹담이 대답했다.

"훌륭한 인물이 나라를 다스릴 때는 창고를 채우는 대신 백성의 주머니를 채우고 성곽은 상관없이 백성의 교화에 힘쓴다고 합니다. 아무쪼록 영지의 주민에게 고지하십시오. 3년 분의 식량을 남기고 나머지는 나라 창고에 입고하라. 3년 분의 비용을 남기고 나머지는 국고에 입고하라. 사람 손에 여유가 있으면 성곽의 수리를 거들기 바란다고."

저녁에 고지하자 그 이튿날에는 창고도 금고도 무기고도 모두 들어갈 자리가 없을 정도로 가득 채워졌다. 5일 후에는 성곽의 수리도 끝나고 이것으로 전쟁에 대비할 태세가 갖추어졌다.

양자는 장맹담을 불렀다.

"성곽의 수리도 끝나고 방어 태세는 갖추어졌다. 식량도 자금도 충분히 있고 무기도 부족함이 없다. 다만 화살이 없으니 그대에게 다른 대책은 없겠는가?"

"동알우가 진양을 다스렸을 때 궁전 주변에 적호荻蒿와 고초楛楚를 심어 생울타리를 만들었다고 합니다. 고초는 높이 3미터가 되니까 이것을 잘라서 화살을 만들면 될 겁니다."

재빨리 고초를 잘라 보니 그 굳기가 균노菌簬의 대나무도 능가할 정도다. 양자는 장맹담에게 말했다.

"화살은 이것으로 충분하지만 화살촉을 만들 쇠가 없지 않은가."

"동알우가 진양을 다스리고 있을 때 궁전 기둥의 초석으로 동을 사용했다고 합니다. 그것을 사용하면 될 겁니다."

파보니 쓰고도 남을 만한 양의 동이 있었다.

이렇게 지휘 명령 계통도 확립하고 일체의 준비가 갖추어졌다.

## 순망치한(脣亡齒寒)

과연 지백은 한, 위의 군대를 이끌고 공격해 왔다. 당장 성 공격에 들어갔으나 3개월이 지나도 함락시키지 못한다. 그래서 치열한 공격은 피하고 멀리서 포위하여 진수晉水 강의 제방을 헐어 수공을 했다.

이렇게 하여 포위는 3년이나 계속된다. 그동안 성 안의 사람들은 나무 위에 살며 솥을 매달아 밥을 지었다. 그러나 이윽고 식량도 재력도 떨어지고 장병도 피로에 지쳤다.

양자는 장맹담에게 말했다.

"식량은 얼마 남지 않았고 재정도 바닥이 나고 장병도 피로해 있다. 이대로는 도저히 방어할 수 없으니 성과 함께 항복하고 싶은데 지백, 한, 위 중 누구에게 항복하면 좋겠나?'

장맹담이 대답했다.

"망해 가고 있는 나라를 구할 수 없다면 지혜 있는 자라고는 말할 수 없다고 합니다. 아무쪼록 얼마 동안 기다려 주십시오. 이제부터 몰래 성을 빠져나가서 한, 위의 군주를 만나 보겠습니다."

장맹담은 한, 위의 군주를 만나자 이렇게 말을 꺼냈다.

"입술이 없어지면 이가 시리다脣亡齒寒고 합니다. 지금 지백은 두 사람을 강요하여 조를 공략하고 조는 바로 멸망하려 하고 있습니다. 조가 멸망하면 다음은 두 사람 차례입니다."

두 군주는 대답했다.

"그건 잘 알고 있다. 그러나 지백은 난폭하고 냉혹한 자다. 섣불리 음모를 꾸미다 새나가면 당장 보복을 받을 것이 빤한데 도대체 어떻게 하자는 건가?"

"음모는 두 사람의 입에서 나와 내 귀로 들어왔을 뿐입니다. 달리 알 사람은 없습니다."

그래서 두 군주는 장맹담을 향해 조와 손을 잡고 지백에게 등 돌릴 것을 그날로 합의했다. 그리고 그날 밤, 장맹담을 성 안으로 들여보내고 양자에게 그 취지를 전하게 했다.

양자는 보고를 듣고 기뻐하여 장맹담의 노고를 위로했는데 어느 면에서는 불안도 감출 수 없다.

이익을 추구하는 인간의 원천,
　　　　　지나침은 독이 되고 타인과 균형을 잡아야 한다.

# 참모의 진언

한, 위의 두 군주는 장맹담과 밀약을 하고 돌려보낸 후 평소와 같이 지백에게 인사하러 갔다. 그러다 돌아오는 길에 군문 부근에서 지백의 참모인 지과知過와 스쳐 지나간다.

지과는 두 사람의 얼굴빛을 보고 수상하다 여기고 그 길로 지백에게 달려갔다.

"저 두 사람의 얼굴빛이 좀 이상합니다."

"얼굴빛이 어떤데?"

"가슴을 펴고 자신에 찬 걸음으로 평소와는 낌새가 달랐습니다. 이쪽에서 선수 치는 게 좋을 겁니다."

"나는 그 두 사람과 굳게 약속을 했다. 조를 쳤을 때는 영토를 세 사람이 나누기로 말이야. 이렇게 성의를 보이고 있는데 설마 배신하지는 않겠지. 게다가 진양을 포위한 지 3년, 오늘이나 내일이라도 결말을 짓고 할당 몫을 나누려 하고 있는데 두 마음을 품을 리 없지 않은가. 그런 말 두 번 다시 입에 담아서는 안 된다."

이튿날 아침, 두 사람이 다시 인사하러 왔다. 돌아가는 도중 군문 부근에서 다시 지과와 스쳐 지나간다. 지과는 곧 지백을 찾아갔다.

"어제 이야기를 그 두 사람에게 말했습니까?"

"어떻게 알았나?"

"지금 두 사람이 스쳐 지나갔는데 얼굴빛이 변해서 나를 뚫어지게 보고 있었습니다. 모반임에 틀림없습니다. 큰맘먹고 죽여야 하니다.”

“그만해, 몇 번 말해야 알아듣겠나.”

“아닙니다. 어떻게든 매듭을 지어야 합니다. 만약 그렇게 하지 못하면 반대로 지금 이상으로 대우를 해 주는 겁니다.”

“무슨 뜻인가?”

“위나라 모신은 조가趙葭, 한의 모신은 단규라고 합니다. 그들은 모두 저 두 군주를 움직일 정도의 힘을 가지고 있습니다. 그들에게 조를 멸망시키면 1만 호의 현을 주겠다고 약속하는 겁니다. 이렇게 하면 저 두 군주도 변심하지 않을 겁니다.”

“셋이서 분배한 다음 그자들에게까지 하나씩 현을 주자는 건가. 안 된다, 안 돼. 그러면 내 몫이 없어져버린다.”

지과는 의견이 받아들여지지 않는다는 것을 알자마자 그대로 행방을 감추어 성을 보輔 씨로 바꿔서 몸을 숨겼다.

드디어 약속한 날이 왔다. 조는 제방 경비대를 습격하여 강의 제방을 무너뜨리고, 지백의 진영으로 물을 흘려보냈다. 지백의 군은 물을 피하려고 혼란에 빠졌다. 좌우에서 한, 위나라 군이 습격하고 정면에서 양자의 군이 공격을 퍼부어 여지없이 격파했다. 지백은 포로가 되었다.

이렇게 하여 지백은 싸움에 패하여 살해되고 영지는 셋으로 갈라져 천하의 웃음거리가 되었다.

이익의 추구는 인간 활동의 원천이다. 그것이 있음으로써 인류의 역사는 진보를 이룩한 것이다. 그러나 이익을 추구할 때는 자신만 좋으면 된다는 생각은 버리는 것이 좋다. 가능한 한 타인의 이익과 공존을 꾀함과 동시에 한도라는 것을 주의해야 한다. 남을 놀게 해서는 변변한 결과를 기대할 수 없다.

그래서 '한비자'가 말하려는 것도 바로 이 두 가지다.

1. 지나침은 독이 된다.
2. 타자와의 균형을 잡아야 한다.

# 여색에
# 열중하는 것

## 검약으로 살고 사치로 죽다

'여색에 열중한다'는 것은 어떤 것인가.

옛날, 융(戎: 서방의 이민족)의 왕이 신하인 유여由余를 사자로 진나라 목공穆公에게 파견했을 때의 일이다. 목공이 유여에게 물었다.

"나는 이전부터 '도리'에 대해서 듣고 있는데 그것이 실제로 행해지고 있는 것을 아직 본 적이 없다. 도대체 옛날의 명군들은 어떤 '도리'에 의거해서 정치를 행했는지 가르쳐 주지 않겠나."

"검약으로 나라를 다스리고 사치로 나라를 잃었다고 들었습니다."

"나는 창피를 무릅쓰고 그대에게 '도리'를 묻고 있다. 그것이 검약이라니 심히 이해하기 어렵군."

이에 유여가 답했다.

"저는 이렇게 들었습니다.

옛날, 요堯가 천하를 다스리고 있을 때는 먹는 것도 마시는 것도 허술한 질그릇을 사용하고 있었습니다. 그러면서도 남은 멀리 교지交趾에서 북은 유도幽都 끝까지 동서는 태양이나 달이 뜨고 지는 저편에까지 모두 요나라의 지배에 복종하고 있었습니다.

요가 바뀌어 순瞬이 천하를 다스리게 되자 식기도 다시 만들었습니다. 우선 산에서 나무를 벌채하여 대패나 톱으로 형태를 갖추고 거기에 옻이나 먹을 칠하여 그것을 궁중에 가져다 식기로 사용했습니다. 이것을 보고 제후는 요나라 때보다 사치스럽게 되었다 하여 지배에 복종하지 않는 자가 13명이나 나타났습니다.

순 다음에 우禹가 천자 자리에 앉자 제기를 다시 만들었습니다. 겉은 검게, 안쪽은 빨갛게 칠하고 실크로 된 깔개를 사용하고 돗자리 가장자리에 테두리를 붙였고, 술잔이나 술통에까지 장식을 붙였습니다. 점점 사치스럽게 된 겁니다. 그 결과 지배에 복종하지 않는 제후는 33명이나 되었습니다.

시대는 흘러 하 왕조부터 은 왕조 때가 됩니다. 그러자 9개의 장대에 나부끼는 깃발이 붙은 호화로운 마차를 타고 다니고 식기에는 조각을, 술잔에는 금가루를 뿌려놓고, 사방의 벽은 하얗게 칠하고 깔개에는 무늬를 넣었습니다. 한층 더 사치스럽게 된 것입니다. 그 때문에 지배에 복종하지 않는 제후는 53명에 달했습니다.

이와 같이 지도자 되는 자가 사치하게 됨에 따라 지배에 복종하는 자가 적어져 갔습니다. 때문에 저는 검약이야말로 군주께서 추구하고 있는 '도리'라고 말씀드린 겁니다."

유여가 나가자 목공은 곧 비서관인 요廖를 불렀다.

"이웃 나라에 성인이 있으면 우리가 위험하다고 한다. 유여야말로 성인임에 틀림없다. 나는 걱정되어 견딜 수가 없다. 뭐 좋은 대책은 없겠는가."

"융왕은 멀리 떨어져 있는 곳에 살고 있기 때문에 아직 우리나라의 감미로운 음악을 들은 적이 없다고 합니다. 이번에 이쪽에서 여자 가무단을 보내는 것은 어떨까요. 그래서 융왕의 마음을 정치에서 멀어지게 하는 겁니다. 그리고 유여에 대해서는 될 수 있는 한 체재 기한을 연장하고 융왕에게 간언할 수 없도록 합니다. 이렇게 하여 두 사람이 떼어놓으면 그다음은 어떻게든 손을 쓸 수 있다고 생각합니다."

"과연."

수긍한 목공은 재빨리 요에게 명해 여자 가무단 16명을 편성하여 융왕에게 보내고 아울러 유여를 당분간 진에 머물게 하고 싶다고 청하자 융왕은 이를 승낙했다.

여자 가무단을 맞은 융왕은 이에 완전히 혼이 빠져 매일같이 주연을 열어 도취되어 한 곳에 머무른 채 옮기려고 하지 않았다. 이것이 1년이나 계속되는 바람에 목초를 전부 먹어버린 소와 말은 픽픽 쓰러져 절반이 죽고 말았다.

귀국한 유여는 재빨리 융왕에게 간한다. 그러나 융왕은 듣지 않는다. 가망 없다고 단념한 유여는 융에게서 떠나 진에게 의지했다.

목공은 실의에 빠진 유여를 맞아 대신으로 등용하여 그로부터 융의 군세와 지형을 물어 군을 동원하여 융을 공격했다. 이렇게 하여 융의 지배 하에 있던 12개국과 천리 사방의 토지를 손에 넣었다.

TIP ···

여기서 '한비자'가 말하고 있는 '여색'은 좀더 널리 해석하면 도락이나 취미라고 이해할 수 있다. 일반적으로 말해서 도락이나 취미는 있는 것이 좋다. 즐거움이 없이 무슨 인생인가. 그러나 책임 있는 지위에 있는 사람의 경우는 약간 다르다. 거기에 억제가 마땅히 있어야 한다. 송대의 명재상 범중엄(范仲淹)의 좌우명은 '선우후락' 즉, '先天下之憂而憂, 後天下之樂而樂(천하 사람들이 근심하기에 앞서 근심하고, 천하 사람들이 즐긴 후에 즐긴다.)'이었다고 한다. 리더에게는 이런 마음가짐이 요구되는 것이다. 리더가 맨 먼저 즐거움에 빠진다면 그 조직은 앞날이 빤하다.

# 나라를 비워두고
# 멀리서 노는 것

## 간언을 받아들이는 자세

'나라를 비워두고 멀리서 논다는 것'은 어떤 것인가.

옛날, 제나라 실권자인 전성자全成子는 멀리 해변가로 놀러갔는데 그곳이 아주 마음에 들었다. 그래서 가신들을 모아 다짐했다.

"잘 들어라, 귀국을 입에 담는 자가 있으면 사형이다."

그러나 안탁취顔涿聚라는 중신이 이의를 제기했다.

"바다에서 즐기는 것도 좋지만 영지에서 반란이라도 일어나면 어떻게 하실 생각이십니까. 그때는 이미 즐기는 것이 문제가 아닐 겁니다."

"귀국을 입에 담는 자는 사형이라고 말했을 텐데 그대는 명령을 어겼다."

전성자는 창을 휘둘러 내려치려고 했다. 그러자 안탁취는

"옛날, 걸桀은 관용봉關龍逄을 죽였고, 주紂는 왕자 비간比干을 죽였습니다. 폭군에게 죽임을 당한 충신을 세 명으로 하고 싶으시면 아무쪼록 이 목을 쳐주십시오. 내가 말씀드린 것은 나라를 위한 것이며 나를 위한 것이 아닙니다."

목을 내밀고 다가가면서 외쳤다.

"자, 뜻대로!"

전성자는 곧장 창을 버리고 마차를 준비하게 해 귀국 길에 올랐다.

귀국한 지 3일 후, 전성자는 자신의 귀국을 저지하는 계획이 있었다는 것을 알았다. 그가 제나라의 실권자의 지위를 유지할 수 있었던 것은 안축취가 죽을 각오로 간언한 덕택이다.

때문에

"나라를 비워두고 멀리서 놀며 부하의 간언에 귀를 기울이지 않으면 몸을 위태롭게 한다."라는 말을 새겨둘 일이다.

'한비자'는 잠자코 위엄을 세우는 본연의 자세가 조직 통치의 이상이라고 하는데 그렇게 하기 위해서는 군주는 본거지에 의젓하게 자리잡고 있는 것이 바람직하다. 함부로 본거지를 비워둔다면 지배력도 해이해지고 조직의 긴장감도 잃어버리게 된다. 솔선수범이나 진두지휘라는 말을 하면 확실히 듣기는 좋지만 그런 것은 부하에게 맡겨두면 된다. 군주는 어디까지나 본거지에 자리잡고 전국의 움직임을 노려보아야 한다.

# 충신의 의견을
# 받아들이지 않는 것

## 유능한 보좌를 만나도

'과오를 범하면서 충신의 의견을 받아들이지 않는다' 는 것은 어떤 것인가.

옛날, 제나라 환공은 제후에게 명하여 천하를 통일하여 '춘추오패春秋五覇' 의 필두에 앉았다. 그것은 재상 관중의 뒤에 보통 아닌 보좌가 있었기 때문이다.

그런 관중도 나이 들어서 정무를 볼 수 없게 되고 저택에 틀어박히는 몸이 되었다. 그런 어느 날, 환공이 관중을 문병했다.

"몸은 어떤가. 만약 불행하게도 재기가 어려운 경우, 후임을 누구에게 맡기면 좋겠는가?"

"늙은 몸으로는 뭐라고 대답할 도리가 없습니다. 하지만 '신하를 아는 것은 군주에게 미치지 못하고 자식을 아는 것은 부모에게 미치지 못한다'고 합니다. 의중의 인물이 있으시다면 아무쪼록 들려 주십시오."

"포숙아鮑叔牙는 어떨까?"

"안 됩니다. 그 사람은 고집이 세고 완고한 성격인 데다 타협할 줄 모릅니다. 고집이 세면  백성을 난폭하게 다룹니다. 완고하면 인심을 잃어버립니다. 또 타협할 줄 모르면 백성을 부릴 수 없습니다. 이런 강경한 성미를 관철하려는 인물은 패자의 보좌 역으로는 부적격입니다."

"그러면 수조豎刀는 어떤가?"

"안 됩니다. 인간은 누구나 자신의 몸을 소중히 하는 법입니다. 그런데 그자는 주군께서 여자를 좋아하고 질투심이 강하다는 것을 알자 자기 스스로 거세하여 후궁의 환관이 됐습니다. 자신의 몸조차 소중히 하지 않는 자가 자신의 주군을 소중히 할 리 없습니다."

"그러면 위의 공자인 개방開方은 어떤가?"

"안 됩니다. 우리나라에서 위까지 불과 10일 거리인데 그자는 주군의 환심을 사고 싶어서 지난 15년 동안 한 번도 양친에게 돌아가지 않았습니다. 이것은 인정에 반합니다. 양친조차 버리고 돌보지 않는 자가 어떻게 주군을 소중히 하겠습니까."

"그러면 역아易牙로 하고 싶은데 어떤가?"

"안 됩니다. 그자는 주군의 요리를 맡고 있지만 진미에 물린 주군에게 아직 한 번도 먹어 본 적이 없는 인육을 맛보시게 하고 싶은 일념으로 자신의 장남을 찜구이 하여 바쳤습니다. 기억하고 계실 겁니다. 인간은 누구나 내 자식을 사랑하는 법. 그런데 그자는 자신의 아이를 찜구이로 하여 식탁에 제공한 겁니다. 자신의 아이조차 사랑하지 않는 자가 어떻게 주군을 사랑할 수 있겠습니까."

"그렇다면 도대체 누구를 하면 좋겠는가?"

"습붕隰朋이 좋을 겁니다. 그는 마음이 곧은 데다 행동은 청렴하며 사리를 추구하지 않고 신의를 중시하는 인물입니다. 마음이 곧으면 사람들의 본보기가 될 수 있습니다. 행동이 청렴하면 큰일을 맡길 수 있습니다. 사리를 추구하지 않으면 사람의 위에 설 수 있습니다. 또 신의를 중시하면 이웃 나라와 분쟁을 일으킬 걱정도 없습니다. 패자의 보좌 역으로서 바로 안성맞춤의 인물입니다. 아무쪼록 그를 등용하십시오."

"잘 알았다."

1년 후에 관중이 세상을 떠났다. 그런데 환공은 후임 재상으로 습붕이 아니라 수조를 등용했다.

이렇게 하여 수조가 국정을 떠맡게 된 지 3년이 지났다. 때마침 환공은 남방의 당부堂阜라는 곳에 놀러간다. 수조는 그가 부재 중인 틈을 타서 역아, 개방 기타 중신들과 꾀하여 반란을 일으켰다.

도성으로 되돌아온 환공은 그들에게 잡혀서 남문 부근의 침전 한 방에 유폐되어 굶주림과 갈증에 괴로워하다가 죽었다. 사체는 그대로 3개월 동안이나 방치되어 구더기가 생겨 방에서 넘쳐 나올 정도였다.

일찍이 천하에 무위를 빛내고 패자의 필두까지 된 인물이 신하의 손에 명성을 망치고 천하의 웃음거리가 된 것은 충신 관중의 의견을 받아들이지 않았기 때문이다.

과오를 범하면서 충신의 의견을 받아들이지 않고 어디까지나 제 고집만 관철하려고 하면 모처럼의 명성을 잃고 세상의 웃음거리가 된다.

TIP

공자도 '과오를 범하고 회개하지 않는 이것을 과오라고 한다'(『논어』)라고 말하고 있다. 인간이기 때문에 과오는 누구에게나 있다. 문제는 그것을 어떻게 대처할 것인가이다. 과오를 범했을 때 가장 곤란한 것은 다음의 두 가지 경우다.
1. 과오를 범해도 그것을 깨닫지 못한다.
2. 깨달아도 그것을 고치려 하지 않는다.
군주의 경우 손실은 한층 더 심각하다. 그것을 메워주는 사람이 바로 보좌 역이다. 그런데 훌륭한 보좌 역을 만나도 그것을 활용하지 못하면 아무 소용없다. 환공의 실패는 여기에 있었다. 훌륭한 보좌를 만나 잘 활용하는 것은 제왕학의 ABC(기초)라 말해도 좋을 것이다.

인간관계를 원활하게 하는 기본,
분수를 알고 예를 다한다.

# 자신의 분수를
# 모르는 것

## 섣부른 믿음은 화를 부른다

'자신의 분수를 모른다' 는 것은 어떤 것인가.

옛날, 진나라가 한나라의 의양宜陽을 공격했을 때의 일이다. 위기에 빠진 한나라에서는 재상 공중붕公仲朋이 양왕에게 진언했다.

"동맹국은 믿을 것이 못됩니다. 지금은 장의張儀를 통해서 진나라와 화의하는 것이 유리한 계책입니다. 마땅한 마을을 진나라에 헌상하고 연합하여 초나라를 공격하면 진나라의 위협을 초에게 향하게 할 수 있고 우리나라는 평안하고 무사할 겁니다."

"알았다."

양왕은 재빨리 공중붕을 진나라에 파견하여 화의를 실현하려고 했다.

이 소문을 듣고 두려워한 것이 초나라 회왕懷王이다. 그는 당황해서 외교 고문인 진진陳軫을 불렀다.

"한나라 공중붕이 진나라와 손을 잡으려 하고 있다. 어떤 좋은 대책은 없는가?"

진진이 대답했다.

"영토를 손에 넣고 한과 동맹한 후에 정예 군단을 동원하여 공동 작전을 펴서 초나라를 칩니다. 이것이야말로 바로 진왕 장년의 야망입니다. 이것은 우리 초나라로서 쉬운 일이 아닙니다. 그래서 대책을 말씀드립니다. 심복 하나를 뽑아서 바로 한나라 사자로 보내도록 하십시오. 수레에 예물을 듬뿍 싣고 이렇게 말하게 하는 겁니다. '우리나라는 작다고는 하지만 이미 전군에게 동원령을 발하여 귀국을 원조할 생각입니다. 어떻게든 뜻을 굳혀 진나라를 함께 치도록 해 주기 바랍니다. 그래서 부디 사자를 파견하여 우리 군대의 동원하는 모습을 보셨으면 합니다.'"

한나라 사자가 찾아오니 초나라 회왕은 길에 전쟁용 마차와 기병을 나열시켜 놓고 이렇게 말했다.

"한왕에게 전해 주십시오. 우리 군은 지금 바로 국경을 향해 진격하려던 참입니다."

사자는 귀국하여 그대로 복명했다. 양왕은 매우 기뻐하여 진나라로 가려고 하던 공중붕을 기다리게 했다. 공중붕은 항의했다.

"안 됩니다. 진나라는 지금 우리나라를 공격하고 있는 데 초나라가 돕는다는 것은 말뿐입니다. 초나라의 감언이설을 믿고 강국(진)의 위협을 깔본다는 것은 나라를 망하게 하는 겁니다."

그러나 양왕은 듣지 않는다. 공중붕은 화를 내고 집으로 돌아가 그대로 10일이나 틀어박히고 말았다.

그동안에도 의양의 위기가 박두하고 있었다. 양왕은 초나라에 사자를 보내 원군을 재촉한다. 사자는 몇 번이나 왕래하였으나 결국 초나라의 구원군은 오지 않는다. 이윽고 의양은 함락되고 양왕은 제후의 웃음거리가 되었다.

TIP • • •

조그만 나라가 단독으로 살아남으려 해도 어렵다. 강국에 어깨를 나란히 하여 생존을 꾀하려면 소국끼리 손을 잡거나 대국 밑으로 들어가거나 '합종연횡(合從連衡: 중국 전국시대에 6개국(진과 연, 제, 초, 한, 위, 조)이 연합하여 강국인 진에 대항하는 정책(합과 진과 단독 동맹을 꾀하는 정책(連衡)).'에 호소하여 타국과 동맹을 맺지 않을 수 없다. 외교의 역사는 이것의 반복이었다. 그러나 대국 밑으로 들어갔다고 해서 안심인가 하면 결코 그렇지 않다. 대국이 추구하는 것은 어디까지나 대국 자신의 이익이다. 궁지에 몰리면 이런 단순한 것조차 잊는 경향이 있다. 타국과 손을 잡는 것은 좋지만 어디까지나 자신의 분수를 알고 나서 덤벼야 한다.

# 무력한 주제에
# 예의를 모르는 것

## 무례를 범한 탓으로

'소국인 주제에 타국에게 무례를 범한다'는 것은 어떤 것인가.

옛날, 진나라 공자 중이重耳가 망명 도중, 조曹나라에 들렸을 때의 일이다. 조나라 공공共公은 전부터 중이의 늑골이 전부 붙어서 한 장의 판자와 같다는 말을 들었기 때문에 모처럼의 기회라 생각하고 일부러 옷을 벗겨놓고 그것을 확인했다. 이때 리부기釐負羈와 숙첨叔瞻 두 사람이 옆에 있었는데 숙첨이 이런 말로 공공에게 간언했다.

"보아하니 진나라 공자는 보통 인물이 아닙니다. 이에 대하는 주군의 취급은 너무 무례하십니다. 만약 공자가 귀국하여 거병하게 된다면 목표는 우리나라입니다. 이 기회에 죽이는 것이 좋겠습니다."

그러나 공공은 듣지 않았다.

한편 리부기는 귀가하고 나서도 몹시 우울해 하고 있었다. 이상하게 생각한 아내가 물었다.

"밖에서 돌아와 계속 울적해 하고 계신데 무슨 일이 있었습니까?"

"'경축할 일은 따돌림 받는 사람이 축하 받고 나쁜 일은 언걸 먹는다' 라고 말하는데 꼭 그런 입장에 놓이고 말았다. 실은 오늘 주군이 진나라 공자를 초대하여 심히 무례한 대우를 했다. 나도 옆에 있었기 때문에 후에 어떤 보복이 올지 걱정되어 견딜 수 없는 거야."

"진나라 공자는 언젠가는 대국의 군주가 되실 분, 수행하는 분들도 모두 대국의 대신이 될 분들이라고 판단했습니다. 지금 나라를 떠나서 망명 중이라고는 하지만 그런 분들에게 무례를 범하다니…… 나라로 돌아가시면 틀림없이 용서치 않을 거라 생각합니다. 조나라는 맨 먼저 보복을 받을 것임에 틀림없습니다. 당신은 아무쪼록 이 기회에 공자와 친분을 갖도록 하세요."

"알았다."

리부기는 재빨리 그날 밤, 항아리에 황금을 넣고 그 위에 음식을 담아 다시 보석을 얹어놓고 사자에게 들려 공자에게 보냈다. 중이는 사자를 만나자 정중한 태도로 음식은 받았으나 보석은 거절했다.

이윽고 중이는 조나라에서 초나라로 갔다가 다시 초나라에서 진秦나라로 갔다. 진나라에 간 지 3년이 되었을 무렵 진나라 목공이 신하에게 상의했다.

"옛날, 내가 진晉나라 헌공과 친하게 지내고 있었다는 것은 천하에 모르는 사람이 없다. 그 헌공이 불행히 죽은 지 벌써 10년이나 되지만 뒤를 이은 지금의 군주는 아무래도 탐탁지 않아. 이대로는 그 나라의 앞날이 몹시 걱정되네. 이것을 잠자코 간과하고 있다면 헌공과의 우정을 배반하는 것이다. 중이를 한 번 도와서 진나라 왕위에 오르게 하고 싶은데 어떤가?"

신하에게도 이의가 없었다. 그래서 목공은 군용 마차 500대, 기병 2000, 보병 5만을 달려서 중이를 진나라로 보내 왕위에 오르게 해주었다.

중이는 즉위한 지 3년 후에 군을 동원하여 조나라를 포위했다. 그때 공공에게 사자를 보내서 요구했다.

"숙첨을 성벽에서 매달아 내보내도록 하라. 대죄를 범한 죄에 의해 극형에 처할 것이다."

또 리부기에게도 사자를 보내 이렇게 말하게 하였다.

"우리 군은 성 밖에 와 있다. 그러나 나는 그대의 호의를 잊지 않고 있다. 그대가 살고 있는 마을 입구에 안표를 세워두기 바란다. 군에 명하여 거기에는 발을 들여놓지 않도록 할 생각이다."

이 이야기가 퍼지자 친척까지 데리고 리부기에게 보호를 요구해 오는 자가 700 가구를 넘었다.

조나라는 소국이며 게다가 진晉, 초 양 대국 사이에 끼어 있다. 따라서 군주의 지위는 심히 불안정했다. 그런데도 타국에게 무례를 범하고 있었으니 그 지위를 유지할 수 없었던 것도 당연하다.

분수를 알고 예를 다한다. 이것은 인간관계를 원활하게 하는 기본이기도 하다. 공자도 '과감하게 예의 없는 자를 불쾌하게 생각한다'고 말하고 있다. 과감하게 예의 없는 자란 단순한 난폭자에 불과하다. 그런 인간이 사람에게 호감을 살 도리는 없다. 거기서 그치면 그래도 낫다. 사람을 사람 취급 하지 않는 난폭한 행동은 때때로 상대의 원한을 산다. 게다가 본인은 그것을 깨닫지 못한다. 사람의 원한을 사면 당연히 언제 어디서든 보복을 당한다. 이것 역시 인간학의 기본이라 말할 수 있다. 이런 인간학의 기본을 마스터해 두지 않으면 군주의 자리도 결코 평안하고 무사하지 못할 것이다.

CHAPTER
6

# 섬기는 자의 논리

# 섬기는 자의
# 배려

## 설득하기 위해서는 상대의 마음을 읽어라

군주를 설득하는 것은 어렵다. 어떤 점이 어려운가.

충분한 지식을 익혀두어야 할 어려움이 아니다. 또 자신의 의견을 막힘 없이 말하는 어려움도 아니다. 또 말하고 싶은 것을 남김 없이 말해버리는 어려움도 아니다. 군주를 설득하는 어려움이란 상대의 마음을 간파해 이쪽 의견을 거기에 적용시키는 것, 이 한 점밖에 없다.

예를 들면 상대가 명성을 원하고 있는 군주라고 하자. 그런 상대를 향해 이익을 줄 방법을 설득하면 근성이 천한 놈에게 능멸당했다고 상대해 주지 않을 것이 빤하다. 반대로 상대가 이익밖에 염두에 없는 군주라고 하자. 그런 상대에게 명성을 날리는 마음가짐을 설득하면 눈치도 없는 도움이 안 되는 놈이라고 하여 돌아다보지도 않을 것이 빤하다.

겉으로는 명성을 원하고 있는 체하면서 실제는 이익밖에 염두에 두지 않는 상대라고 하자. 그런 상대에게 명성을 날리는 마음가짐을 설득하면 형식상으로는 등용될지 모르지만 실제는 미움을 살 것이 고작이다. 그렇다고 해서 이익을 올리는 방법을 설득하면 의견만 도용당해 그다음은 모르는 체할 수도 있다.

설득할 때는 이런 점의 기묘한 사정을 명심해 두어야 한다.

TIP • • •

현대와 '한비자' 당시와는 간언이라는 것이 약간 다르다. 당시는 진언이든 간언이든 실수하여 군주의 노여움을 사게 된다면 목숨이 열 개 있어도 모자랐다. 그만큼 진지한 승부다. 그 설득을 성공시키는 열쇠는 상대의 마음을 읽는 것이라고 '한비자'는 말한다. 한비보다 약간 이른 시기에 활약한 '설객(說客)'에 소진(蘇秦)이라는 인물이 있었다. 젊었을 때 설득술을 공부하여 제국 유세의 길을 떠났는데 전혀 싹이 트지 않는다. 일념발기한 그는 수십 권의 책을 쌓아 올려서 연구에 노력하였고 결국 '췌마(揣摩)의 술'을 터득했다. '췌마'라는 것은 일종의 독심술과 같은 것이다. 이것으로 소진은 다시 유세의 길을 떠났다. 이번에는 잇따라 설득을 성공할 수 있었다고 한다. 이 소진의 예에서도 분명한 것처럼 상대의 마음을 읽는지 어떤지가 설득을 성공시키는 핵심이 되는 것이다.

# 상대의 마음을 거스르지 말라

그러면 리더를 설득하기 위한 마음가짐이란 무엇인가.

상대가 자랑하고 있는 것에 대해서는 칭찬하고 수치스럽게 생각하고 있는 것은 잊도록 해 준다. 우선 이런 점의 요령을 알아두어야 한다.

사리사욕의 비난에 신경을 쓰고 있는 상대에게는 훌륭한 대의명분을 찾아주고 자신을 갖게 해 준다.

뜻이 낮음을 마음 쓰면서도 그만두지 못하고 있는 상대에게는 충분한 의의가 있는 것이니 그만둘 필요가 없다고 말해 준다.

높은 이상에 휘둘려서 현실에 맞지 않는 계획에 그치고 있는 상대에게는 그 이상의 잘못된 점을 지적하고 실행하지 않는 것이 좋겠다고 말해 준다.

자신의 지혜로운 계략을 자랑하고 있는 상대에게는 비슷한 사례를 들어 상대가 그것을 참고하도록 하여 넌지시 지혜를 불어넣어 주는 것이다.

타국과의 평화 공존을 설득할 때는 그것이 인류의 이상이라는 것을 역설한 후에 군주 자신에게도 이득이 된다고 넌지시 알리는 것이 좋다.

위험한 사업을 그만두게 하려고 할 때는 일단 문제점을 지적한 후에 군주 자신에게도 손실이 된다고 넌지시 알리는 것이 좋다.

상대의 일을 칭찬할 때는 타인의 같은 예를 인용하고, 간할 때는 공통점이 있는 다른 예를 인용하는 것이 좋다.

파렴치하다고 비난받고 있는 상대에게는 같은 예를 들어 신경 쓸 정도가 아니라고 말하여 격려해 주는 것이 좋다. 실패로 인해 마음 아파하고 있는 상대에게는 역시 같은 예를 들어 당신의 책임이 아니라고 말하고 마음을 편하게 해 주는 것이 좋다.

능력에 자신을 가지고 있는 상대에게는 그 능력에 트집을 잡아 모처럼 하고자 하는 의욕에 물을 끼얹어서는 안 된다. 결단력을 긍지로 하고 있는 상대에게는 그 결단의 잘못을 지적하여 기분을 상하게 해서는 안 된다. 지략이 풍부하다고 생각하고 있는 상대에게는 그 지략의 결점을 들추어 궁지에 몰아넣어서는 안 된다.

이와 같이 상대의 의향을 고려하면서 이쪽 생각을 말하여 상대의 기분에 거슬리지 않게 한다. 그런 다음에 지혜를 불어넣어 준다. 그러면 상대는 경계를 풀고 품속으로 뛰어들어 말하고 싶은 것을 전부 말할 수 있다.

옛날, 이윤伊尹이 요리 당번으로, 백리해百里奚가 노예가 된 것은 군주에게 접근하려고 했기 때문이었다. 이 두 사람은 모두 훌륭한 능력을 가지고 있는 인물이다. 그럼에도 불구하고 군주에게 접근하기 위해서는 그런 신분이 되지 않을 수 없었던 것이다.

우리들이 말하는 것도 마찬가지다. 상대에 맞추어서 정도를 낮추어도 그것이 채용되어 세상을 구할 수 있다면 조금도 부끄러워 할 것 없다.

오랫동안 섬기고 있는 사이에 결국 신뢰도 두터워지고 비밀 계략에 관여해도 의심하지 않고 정면으로 반론해도 벌을 받지 않게 된다. 그렇게 되면 선뜻 이해를 지적하여 공적을 세워 그 시비를 직언하여 면목을 세울 수 있을 것이다. 이렇게 하여 상대와 엇비슷한 관계로 들이대면 비로소 설득은 완성에 달하는 것이다.

## 위험을 초래하는 일

계획을 성공시키기 위해서는 은밀히 진행시켜야 한다. 밖으로 새나가면 실패한다. 가령 누설하려고 한 것은 아니더라도 언뜻 그것에 대해 언급한다면 이쪽의 신상이 위험하다.

상대가 공공연하게 하고 있는 것은 겉보기고 실은 이면에서 뭔가 획책하고 있다고 하자. 그런 경우 공공연한 것만 알고 있으면 무사하지만 이면의 의도까지 알아버리면 위험해진다.

간언한 것이 순조롭게 채택되었다고 하자. 그러나 그것을 다른 사람이 낌새를 알아채고 밖으로 누설하였다고 하면 혐의는 자신에게 돌아온다. 이런 경우도 이쪽의 신상이 위험하다.

아직 상대에게 충분한 신뢰를 얻지 못하고 있는데 이쪽의 속셈을 전부 드러냈다고 하자. 이런 경우 그것이 채택되어 성공을 이루었다 해도 이쪽의 공적이라 간주하지 않는다. 반대로 실패하면 없는 의심까지 받게 되어 이쪽의 신상이 위험하다.

상급자가 과오를 범했다고 하자. 그에 대해서 예의이니 의리니 하고 비판을 가하면 이쪽 신상이 위험해진다.

상급자가 부하의 기획을 가로채서 자신의 공적으로 하려 했을 때 그 경위를 알고 있으면 이쪽 신상이 위험하다.

상대의 능력이 미치지 못하는 것을 강요하거나 어떻게든 하지 않을 수 없는 경우에 중단할 것을 요구하면 이쪽 신상이 위험하다.

리더와 이야기할 때 훌륭한 인물에 대한 것을 화제로 하면 빗대어 빈정거린다고 받아들일 것이고 쓸데없는 인간에 대한 것을 화제로 하면 자신을 돋보이게 하려 한다고 생각한다. 상대가 마음에 드는 인물을 화제로 하면 자신에게 환심을 사려고 하고 있는 것은 아닐까 하고 의심받게 되고 상대가 싫어하는 인물을 화제로 하면 자신을 시험하고 있는 것은 아닐까 하고 경계한다.

간략하게 말하면 제대로 알지 못하는 놈이라고 상대하지 않을 것이고, 상세하게 말하면 아는 체하는 놈이라고 귀찮아한다.

간추려서 대의만 말하면 하고자 하는 의욕이 없는 놈이라고 외면할 것이고 과장해서 위세 좋게 잇따라 지껄이면 예의 모르는 시골뜨기라 하여 경멸당한다.

이것이 설득의 어려움이라는 것이다. 아무쪼록 명심해 두어야 할 것이다.

## 의미를 안 후에 행한다

옛날, 정나라 무공이 호胡나라를 치려고 했을 때의 일이다. 우선 자신의 딸을 호나라 왕과 결혼시켜 비위를 맞춰 기분을 돌이키게 하고 나서 신하를 모아 말했다.

"영토를 넓히고 싶은데 어느 나라를 상대로 하면 좋겠는가?"

"호나라가 좋을 겁니다."

관기사關其思라는 중신이 대답했다.

"호나라는 형제의 나라다. 그것을 치라니 그게 무슨 말인가."

무공은 화가 머리끝까지 나서 관기사를 죽였다.

이 말을 들은 호나라 왕은 그렇다면 안심이라고 정나라에 대한 경계를 늦추고 말았다. 정나라는 어렵지 않게 호나라를 공략한 것이다.

또 이런 이야기도 있다.

송나라의 한 부잣집이 비로 인해 담이 무너졌다. 그러자 아들이 말했다.

"보수하지 않으면 도둑이 들어옵니다."

이웃 주인도 같은 말을 했다.

그날 밤, 과연 도둑이 들어와서 몰래 재물을 훔쳐갔다. 부자는 아들의 영리함에 감탄했다. 그리고 아들과 같은 말을 한 이웃 집 주인을 범인이 아닐까 하고 의심했다.

앞에서 나온 관기사가 말하고 이 이웃 사람도 말한 것은 전부 핵심을 찌르고 있었다. 그런데 한편은 죽고 한편은 의심받았다. 요컨대 안다는 것은 어렵지 않다. 안 다음에 어떻게 대처할 것인가가 어려운 것이다.

진晉나라의 속셈을 꿰뚫어본 진秦의 요조繞朝에 대해서도 같은 말을 할 수 있다. 이 사람은 상대국인 진秦으로부터 높이 평가받았지만 자국인 진에서 살해되고 말았다.

설득에 즈음해서는 이런 점도 명심해 두어야 한다.

비지칙난야 처지칙난야(非知則難也, 處知則難也).
'자신이 놓인 입장, 정황을 생각한 후에 발언하라'라고 말하는 것
이다. 그것을 무시하고 덤빈다면 모처럼 올바른 발언을 해도 받
아들여지지 않을 뿐만 아니라 자신의 몸을 위태롭게 한다. 발언
에 즈음해서는 '정치적 배려'를 잊지 말라는 것이다.

## 역린(逆鱗)을 건드려서는 안 된다

옛날, 미자하彌子瑕라는 소년이 위나라 영공의 총애를 받고 있었
다. 위나라 법률로는 허가 없이 군주의 마차에 타는 자는 다리를 절
단하는 형에 처하기로 되어 있었다. 때마침 미자하의 어머니가 병든
다. 소식을 받은 그는 주군의 명이라고 속여 영공의 마차를 타고 어
머니에게 달려갔다.

그 후에 그 사실을 들은 영공은 처벌하기는커녕 이렇게 칭찬했다.

"얼마나 효자인가. 어머니를 생각한 나머지 다리 절단의 형에 처
하게 된다는 것조차 잊어버리다니."

또 어느 날, 미자하는 영공을 수행하여 과수원에 놀러갔다. 복숭
아를 먹었더니 너무 달아서 먹던 것을 절반 남겨 영공에게 권했다.
그러자 영공은 말했다.

"이렇게까지 나를 생각해주는가. 자신이 먹고 싶은 것을 참고 내
게 먹게 해 주다니."

그런데 미자하도 역시 아름다운 얼굴이 수척해지자 영공의 총애가 식어갔다. 그러자 영공은 옛날 일을 들추어

"저놈은 명령이라고 속여 내 마차를 타고 돌아다녔다. 또 언젠가는 먹다 만 복숭아를 먹게 했다."

라고 말하고 중한 벌을 내렸다.

미자하가 한 행동은 처음부터 변하지 않았다. 그런데도 전에는 칭찬하고 나중에서야 벌을 준다는 것은 무슨 까닭인가. 영공의 기분이 사랑에서 미움으로 변했기 때문이다.

요컨대 상대로부터 사랑 받고 있는 경우는 무슨 말을 해도 마음에 들어하고 점점 가까이 한다. 반대로 상대로부터 미움 받고 있는 경우는 무슨 말을 해도 받아들여 주지 않고 끝에 가서는 벌을 주거나 멀리하는 것이 고작이다. 때문에 리더에게 말할 때는 상대가 자신을 어떻게 생각하고 있는가를 잘 알고 나서 행해야 한다.

용이라는 동물은 길들이면 사람이 탈 수 있을 정도로 얌전하다. 그러나 턱 밑에 지름 30센티미터 정도의 비늘이 거꾸로 자라고 있어서 이것을 건드리면 반드시 사람을 물어 죽인다.

리더에게도 이 역린이 있다. 그것을 건드리지 않고 말하는 것이 설득의 비법이다.

이것이 '역린을 건드리다'의 출전이다. 말할 것도 없이 인간은 누구나 역린과 비슷한 부분을 가지고 있다. 이것을 건드리면 터무니없는 보복이 돌아온다는 것을 각오하는 것이 좋을 것이다. 다만 권력자의 경우 그 보복이 한층 더 강렬하다는 것이다. 이상 '한비자'가 말한 설득의 비법을 정리하면 다음과 같이 될 것이다.

1. 상대의 마음을 간파할 것.
2. 상대의 신뢰를 쟁취할 것.
3. 상대의 기분에 거스르지 말 것.
4. 자신의 입장이나 정황을 생각할 것.
5. 상대의 급소를 건드리지 말 것.

난세를 살아가는 지혜,
설득의 달인이 돼라.

# 섬기는 자의
# 고심과 논리

## 섬기는 자의 고심

송나라 자어子圉라는 자가 공자를 재상과 만나게 했을 때의 이야기다. 공자가 퇴청하고 나서 자어는 재상에게 가서 공자의 인상에 대해 물었다. 그러자 재상은 말했다.

"공자를 만나고 나서 그대를 보니 벼룩이나 이 정도로밖에 보이지 않는군. 꼭 공자를 우리 주군에게 추천하고 싶네."

겁먹은 것은 자어다. 공자가 중용되면 자신의 존재가 희미해진다. 그래서 그는 말했다.

"우리 주군이 공자를 만나시면 이번에는 재상께서 벼룩이나 이로 보일지도 모르겠습니다."

그래서 재상은 공자의 추천을 단념했다.

## 대세 순응주의

은나라 주왕은 매일 주연과 놀이에 빠져 날짜를 알 수 없게 되었
다. 측근에게 물어보았으나 아무도 모른다. 그래서 중신 기자箕子에
게 사람을 보내 물어보게 했다.

기자가 집안 사람에게 말하기를

"천하를 다스리는 몸이면서 모두가 날짜를 잊어버리다니 이래서
는 천하는 유지할 수 없다. 모두가 잊어버리고 있는데 나 혼자 알고
있어서야 이 몸이 위험하다."라고 하였다.

이렇게 말하고 기자는 심부름 온 사람에게 대답했다.

"나도 술에 취해 잊어버렸다."

TIP・・・

대세 순응의 권유다. 중국에는 옛날부터 선두에 서지 않고 꼬리
에도 서지 않고 중간 정도에 위치하여 사는 것을 좋다고 하는 사
상이 있었다. 선두에 서면 표적이 되어 저격당할 것이고 꼬리까
지 가면 비판의 대상이 된다. 그런 점에서 중간 정도에 위치하고
있으면 안전하다고 한다. 난세를 살아가기 위한 완고한 지혜라
말할 수 있다. 대세 순응주의도 이것과 같은 사고방식이다.

# 심는 것은 어려우나 뽑는 것은 쉽다

진진陳軫이라는 세객(능란한 말씨로 각지를 돌며 영주의 외교 정책 등에 영향을 준 인물)이 위왕에게 중용되고 있을 때의 이야기다. 지인인 혜자惠子가 진진을 향해 이런 충고를 했다.

"왕의 측근 사람들은 아무쪼록 깊이 명심하여 섬기는 것이 좋습니. 버드나무라는 것은 옆에 심어도 자라고 거꾸로 심어도 자라고 꺾어서 심어도 자라는 것. 그러나 10명이 함께 심어도 뽑는 자가 한 사람이라도 있으면 자라지 못합니다. 10명이 함께 이렇게 심기 쉬운 나무를 심어도 한 사람의 힘에 당해내지 못하는 그 이유는 무엇일까요. 심은 것은 어렵고 뽑는 것은 쉽기 때문입니다. 당신 왕의 정원에 자신을 심는 것은 교묘하지만 그런 당신을 뽑아버리려고 하는 자는 결코 적지 않습니다. 마음놓으면 반드시 당할 겁니다."

## 상대의 마음을 읽는다는 것

제나라 중신 습사미隰斯彌가 이웃 저택에 살고 있는 실력자 전성자田成子를 찾아갔다. 그러자 전성자는 그를 높은 자리에 안내해서 사방을 내려다보았다. 3면의 시계는 열려 있으나 남쪽만은 습사미 집의 나무들에 가려져서 멀리 내다볼 수가 없었다.

전성자가 무슨 말을 한 것은 아니지만 습사미는 집으로 돌아오자 곧 나무를 베도록 명했다. 그러나 두어 번 도끼질을 하는 순간 이번에는 "그만 둬"라고 말했다.

가신의 우두머리가 의아해 하며 물었다.

"베라고 하셨다가 베지 말라고 하시니 도대체 무슨 일입니까?"

습사미가 대답하기를

"옛날 속담에도 사람의 비밀을 아는 것은 불행의 근원이라고 하지 않은가. 전성자는 전부터 엄청난 일을 꾀하고 있다. 손톱만큼이라도 그것을 아는 체하면 내 신상이 위험해. 나무는 베지 않아도 죄가 되지 않지만 상대가 말하지 않는 것까지 읽고 이해한다면 어떤 죄를 뒤집어씌울지 알 수 없는 일이 아닌가."

라고 말하고 결국 나무 베기를 단념했다.

> **TIP ····**
>
> 앞에서 '한비자'는 '處知則難也'(안 후에 그에 어떻게 대처할 것인가가 어렵다)라고 말했다. 권력자 밑에서 몸의 안전을 꾀하려면 이 정도의 선견지명이 필요할 것인지도 모른다. 이것 역시 난세를 살아가기 위한 기지인 것이다.

## 이런 군주는 신용할 수 없다

노단魯丹이라는 세객은 세 번이나 중산中山의 군주와 회견했는데 아무래도 자신의 의견을 받아들여 주지 않았다. 그래서 금 50량을 뿌려서 측근들에게 사전 교섭을 하고 그런 다음 다시 한 번 만나 보았다. 그러자 이번에는 말도 꺼내기 전에 식사 초대를 했다.

노단은 퇴출하자 숙소에도 돌아가지 않고 그 길로 중산을 떠나 버렸다.

마부는 이상하게 생각했다.

"이번에는 대단히 정중한 대답이었다고 하던데 왜 떠나는 겁니까?"

노단이 대답했다.

"타인의 말을 이해하지도 않고 그대로 받아들여서 태도를 바꾸는 사람이다. 반드시 또 다른 사람의 말에 태도를 바꿀 것임에 틀림없다."

아직 국경을 넘기 전에 공자가

"노단은 조나라에서 우리나라로 보낸 간첩입니다."

라고 중상했다. 이것을 그대로 받아들인 중산의 군주는 노단을 잡아 처벌했다.

TIP • • •

어떤 내용이든 일정한 주관을 가지고 있는 상대라면 설득 방법도 있고 섬기는 방법도 있다. 사람의 의견에 따라 태도를 바꾸는 믿을 수 없는 상대라면 깨끗이 단념하는 것이 현명한 일이다.

# 섬기는 방법은 같다

위나라 장군 문자가 공자의 제자 증자를 만났을 때의 이야기다. 증자는 자리에서 일어서지도 않고 불러들여 그대로 자신이 상석에 앉았다.

나중에 문자는 자신의 마부에게 이렇게 말했다.

"증자는 현명한 인물이라고는 말할 수 없겠는걸. 나를 군자라고 생각한다면 군자에게는 그에 걸맞은 예를 다해야 하는 법이다. 반대로 나를 난폭자라 생각한다면 난폭자라고 해서 무시해서는 안 될 것이야. 저래서는 변변하게 죽지 못할 것 같군."

## 군주의 마음과 더불어 사태의 변화도 읽을 수 있는 사람

은나라 주왕을 섬긴 숭후崇侯와 오래惡來는 주왕과 영합하여 주살의 괴로움을 당하지 않는 방법을 터득하고 있었다. 그러나 주紂가 주周나라 무왕에게 공격당해 멸망하리라는 것은 예견하지 못했다.

주왕을 섬긴 비간比干, 오나라 왕 부차를 섬긴 오자서는 모두 자신이 섬기는 군주가 신세를 망치리라는 것을 예견하고 있었다. 그러나 자신이 군주의 손에 걸려 죽게 될 처지가 되리라고는 지금까지 한 번도 깨닫지 못했다.

요컨대 숭후와 오래는 군주의 마음은 읽어 알고 있었지만 사태의 변화는 읽지 못했다 이에 대해 비간과 오자서는 사태의 변하는 읽고 알고 있었으나 군주의 마음은 읽지 못했던 것이다.

이른바 성인이란 이 두 가지를 읽고 이해할 수 있는 인간을 말하는 것이다.

## 권력자는 무시할 수 없다

송나라에서는 재상이 권력을 한 손에 장악하여 권위를 세우고 있었다.

어느 날, 계자季子가 송나라 군주를 만나려고 했다. 그러자 양자梁子라는 자가 이런 충고를 했다.

"군주와 만나려면 반드시 재상을 동석시키는 것이 좋을 겁니다. 그렇지 않으면 없는 의심을 해서 죽임을 당할지도 모르겠습니다."

그래서 계자는 오로지 재상에 대한 권한 위양에 대해 설득했다.

## 상대의 의표를 찌른 설득

제나라 재상 정곽군靖郭君이 영지 설薛에 성을 구축하려고 했다. 그것을 안 식객들은 연달아 찾아와서 중지할 것을 진언한다. 귀찮아진 정곽군은 손님을 맞는 사람에게 분부했다.

"잘 알아둬. 손님이 와도 알리지 말아."

때마침 제나라 사람으로 접견을 청하는 자가 있었다.

"세 마디만 말하겠습니다. 그 이상 말하면 기름 가마에 넣어도 좋습니다."

그렇게 말하며 끈질기게 조르고 있다는 것이다.

정곽군은 만나보기로 했다.

남자는 총총 걸음으로 들어오자마자

"해海, 대大, 어魚."

하고 외치고 그대로 돌아가려고 했다.

"잠깐! 좀더 상세히 말해보라."

"나는 호락호락 죽고 싶지 않습니다."

"상관없으니 말해 보라."

남자는 대답했다.

"대어를 알고 계십니까. 너무 커서 그물에도 걸리지 않습니다. 낚아 올릴 수도 없습니다. 그렇게 큰 대어라도 물에서 뛰어오르면 애석하게도 벌레의 먹이입니다. 제나라는 당신에게 있어서는 물에 해당됩니다. 이것만 막아두면 설에 성을 구축할 필요는 없습니다. 제나라에서 떠나면 하늘까지 닿는 성벽을 쌓아봤자 아무 소용도 없지 않습니까."

"잘 알았네."

정곽군은 설에 성 쌓는 것을 중지했다.

## 자기 혼자의 문제가 아니다

진나라 범문자范文子는 종종 군주에게 직언을 했다. 그것을 알고 아버지 범무자范武子가 지팡이로 아들을 때리면서 이렇게 말했다.

"거리낌 없이 직언하면 상대에게 미움을 산다. 미움 사면 자신의 몸이 위험해. 그렇게 되면 너뿐만 아니고 이 아비 역시 어떻게 될지 모를 거다."

# 왕의 의중을 확인한 후에

맹상군孟嘗軍이 제나라 재상으로 있을 때의 일이다. 어느 날 위왕의 부인이 죽었다.

당시 위왕에게는 열 명의 후궁이 있었는데 각각 총애를 받고 있었다. 맹상군은 그중 누가 부인의 뒤를 이을 것인지 알고 싶었다.

만약 이쪽에서 누구 한 사람을 골라서 추천하면 어떨까. 순조롭게 왕이 받아들여 주면 추천한 측으로서도 면목을 세울 수 있을 것이다. 그러나 자칫 잘못해 거부당하면 체면이 말이 아니다. 그래서 추천하려면 우선 왕의 의중을 알아두어야 할 것이다.

이렇게 생각한 맹상군은 옥으로 귀걸이를 10개 만들어서 그중 하나를 특별 주문하여 왕에게 바쳤다. 왕은 그것을 10명의 측실에게 주었다.

이튿날 맹상군은 훌륭한 귀걸이를 달고 있는 측실을 확인하고 그 여자를 부인으로 추천했다.

TIP • • • •

군주와 재상의 사이조차도 이 정도로 주도면밀한 배려가 필요한 것이다. 위의 신뢰는 얻기는 어렵지만 잃어버리는 것은 간단하다. 모처럼의 신뢰를 유지하기 위해서는 신중한 대응을 해야 한다.

# 정보 조작으로 리더를 움직인다

진秦의 혜왕 시대, 감무甘茂가 재상으로 근무하고 있었다. 그런데 혜왕은 공손연公孫衍이라는 자가 마음에 들어 둘이서 잡담하던 끝에

"언젠가 그대를 재상으로 만들어 줌세."

하고 약속했다.

그런데 그것을 감무의 후원을 받고 있는 관리가 엿듣고 몰래 알려왔다. 감무는 궁으로 들어가자마자 재빨리 왕을 알현하였다.

"훌륭한 재상을 찾으신 것 같습니다. 경하 드립니다."

"나는 그대에게 국정을 맡기고 있다. 게다가 재상이라니 당치도 않은 소리다."

"공손연을 등용하실 생각이시라고……."

"도대체 누구에게 들은 소리냐?"

"공손연이 스스로 말하고 있었습니다."

혜왕은 공손연이 비밀을 누설했다 믿고 화를 내며 국외로 추방했다.

TIP ● ● ● ●

앞에서 '한비자'는 '事以密成, 語以泄敗(사이밀성, 어이설패)' (계획을 성공시키려면 비밀리에 진척시켜야 하며 밖으로 누설되어 버리면 실패를 면할 수 없다)고 말하였는데 이 일화는 그 예증일 것이다. 조직 내외에는 무슨 일이 있으면 발목을 잡으려고 기다리고 있는 무리가 있다. 쓸데없는 자멸을 면하려면 그들이 기회를 잡을 틈을 주어서는 안 된다.

한비자 인간경영

2016년  8월 05일 1판 1쇄 인쇄
2016년  8월 10일 1판 1쇄 발행

지은이 | 홍영의
펴낸이 | 김정재
펴낸곳 | 뜻이있는사람들
북디자인 | 파워북
사   진 | 김정재


등록 | 제410-304호
주소 | 경기도 고양시 일산서구 대산로 215 연세프라자 303호
전화 | 031-914-6147
팩스 | 031-914-6148
이메일 | naraeyearim@naver.com

ISBN 978-89-90629-35-7   03320